Outils BTS
Management Commercial Opérationnel
années 1 et 2

Manager
l'équipe commerciale

Bloc de compétences 4

Sophie Drony
Hervé Kéradec
Pascale Kéradec
Valentyna Piquot

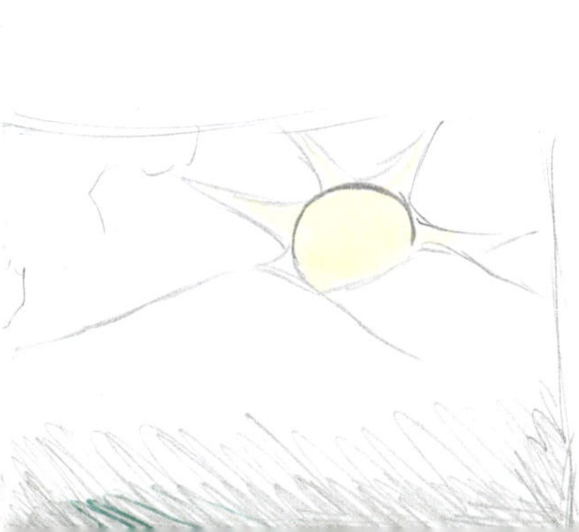

hachette
TECHNIQUE

Édition : Judith Ajchenbaum
Maquette de couverture : Morgane Baltzer
Maquette intérieure : Morgane Baltzer
Mise en page : Nordcompo
Iconographie : Marie-Christine Petit
Fabrication : Yoann Le Berre

www.hachette-education.com

58, rue Jean Bleuzen – 92178 Vanves Cedex
ISBN : 978-2-01-399943-4

Le manuel Hachette

Un manuel papier ou numérique enrichi d'une multitude de ressources !

GRATUIT

	PROF Le site Hachette Éducation hachette-education.com	PROF Le manuel numérique[1] jeteste.com/NUART	PROF + ÉLÈVES Les codes à flasher education.landing-hachette.fr/mco-manager
Le livre du professeur	✓		
Des vidéos		✓	✓
Des ressources actualisées			

(1) Offert pour l'enseignant 5 ans si 100 % de la classe est équipée en manuels papier, 1 an si 100 % de la classe est équipée en manuels numériques.

SOMMAIRE

SOMMAIRE DES RESSOURCES NUMÉRIQUES

THÈME 1

Organiser le travail de l'équipe commerciale

THÈME 2

Recruter des collaborateurs

THÈME 3

Animer l'équipe commerciale

SOMMAIRE DES RESSOURCES NUMÉRIQUES

Thème 1

Recenser les ressources disponibles et les besoins

COMPÉTENCES
- → Recenser les ressources disponibles et les besoins
- → Respecter la législation

LE CAS Decathlon

FICHE MÉTHODE 1 Comment évaluer la taille optimale de l'équipe ?

FICHE REPÈRES 1 Les contraintes commerciales, managériales, légales, réglementaires et conventionnelles

APPLICATIONS

FICHE REPÈRES 2 Le contrat de travail

LE CAS DECATHLON

- **Activité**
  Création et distribution des articles de sport et de loisirs
- **Concept**
  Decathlon propose des produits sportifs en maîtrisant l'ensemble de la chaîne de développement
- **Cible**
  Le segment principal concerne les 15-35 ans
- **Chiffres clés**
  – Chiffre d'affaires 2017 : 3,4 mds € HT en France
  – 313 magasins, 16 entrepôts, 8 sites de marque, 25 000 collaborateurs
- **Classement**
  1er sur le marché français (CA)
- **Unité commerciale**
  Décathlon Caen Mondeville
- **Localisation**
  Les Carandes, 14120 Mondeville
- **Horaires ouverture**
  Ouvert du lundi au samedi de 9 h à 20 h (fermeture le dimanche)
- **Tranche effectif salarié**
  100 à 199 salariés

Vidéo 6'18

1

LE CAS DECATHLON

La responsable du rayon fitness, Éva Proche, doit comme chaque année renforcer son équipe, en évaluant le nombre de salariés supplémentaires à recruter pour les mois de juillet, août, mi-septembre (les pics d'activité pour le rayon fitness).

→ **En tant que stagiaire dans le rayon fitness, vous êtes sollicité(e) pour participer dans cette démarche.**

MISSION 1 Évaluer le besoin en personnel supplémentaire

Annexes 1 à 3

Éva Proche vous demande de réaliser un diagnostic qui permettra d'apporter une (des) préconisation(s) argumentée(s) d'actions de recrutement.

1. Identifiez des arguments qui permettent de justifier le besoin en personnel supplémentaire.
2. Listez les options possibles permettant de répondre au besoin exprimé. Argumentez votre réponse.

La responsable rayon vous communique l'organigramme du rayon fitness, ainsi que les données concernant le fonctionnement interne du magasin. Elle souhaiterait également identifier les besoins en personnel du sous-rayon textile-cardio pour la fin d'année. Elle vous précise qu'un client sur deux achète lorsqu'il est conseillé.

3. Calculez le nombre d'heures disponibles en temps normal pour le rayon fitness.
4. Construisez un tableau indiquant les contraintes à prendre en compte lors de l'évaluation du besoin en personnel.
5. Déterminez le nombre d'heures nécessaire pour assurer le bon fonctionnement du rayon fitness.
6. Évaluez ce besoin en nombre d'heures et nombre de vendeurs / vendeuses à recruter pour la période indiquée.
7. Calculez le nombre clients qui ont acheté par jour et par semaine.
8. Déterminez le CA ainsi que le nombre de clients qui achèteraient.
9. Réalisez une prévision du volume horaire nécessaire à la vente pour atteindre cet objectif.

Fiche Méthode 1
Fiche Repères 1

MISSION 2 Choisir le bon dispositif contractuel

Annexe 4

Éva Proche hésite entre recruter des vendeurs / vendeuses en CTT ou les embaucher en CDD. Elle vous demande de choisir le dispositif légal le plus adapté à la politique de l'enseigne.

10. Comparez les deux types de contrat.
11. Préparez une note avec des préconisations en argumentant votre décision.

Fiche Repères 2

AUTO-ÉVALUE-TOI !

	🙂	😐	☹️
Les besoins en personnel sont repérés.			
Les contraintes légales, réglementaires, commerciales et organisationnelles sont respectées.			
Le choix du dispositif contractuel est approprié.			

ANNEXE 1 Organigramme de l'équipe fitness et informations sur l'organisation

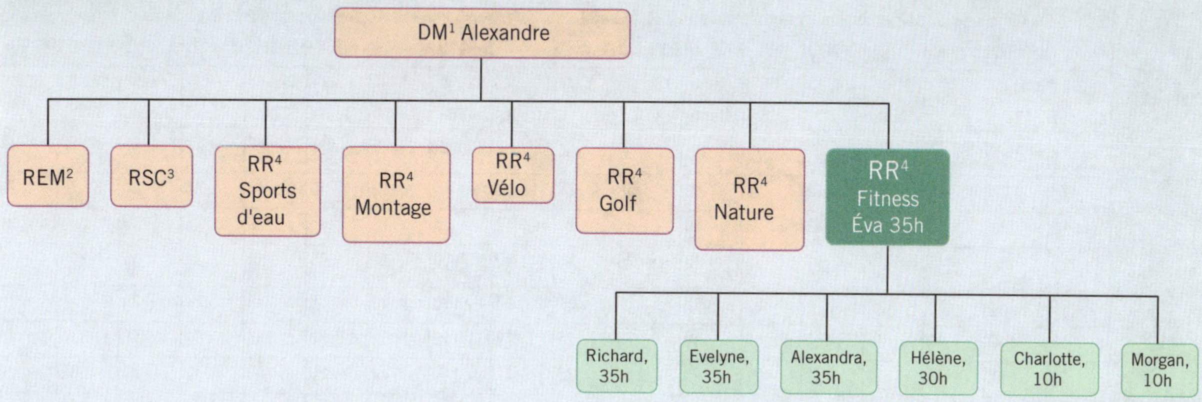

[1] RR : responsable rayon, CDI 35 h
[2] RSC : responsable service client
[3] REM : responsable exploitation magasin
[4] DM : directeur magasin

Tous les vendeurs de l'équipe fitness sont en CDI. Pour la période indiquée (juillet, août et mi-septembre), il est demandé aux salariés de décaler leurs congés payés (en dehors des pics d'activité commerciale). Il ne leur est pas demandé de faire les heures supplémentaires.

Tous les salariés sont des pratiquants de sport. Morgan, le coach sportif, envisage de se concentrer sur son activité entrepreneuriale à l'étranger.

ANNEXE 2 Fonctionnement interne du magasin Décathlon Mondeville

Horaires

Le magasin est ouvert du lundi au samedi de 9 h à 20 h sans interruption. La durée journalière maximale est de 10 h avec une pause de 1 heure minimum à 2 heures maximum.

Contraintes organisationnelles

- Livraisons : le magasin est livré tous les jours. Un équipier de chaque rayon (dont le rayon fitness) est mobilisé de 7 h à 9 h pour la livraison en temps normal et pendant la période estivale (juin, juillet et août) de 6 h 30 à 9 h.
- Présence en caisse : compte tenu de la fréquentation accrue des clients, la présence en caisses des vendeurs de tous les rayons est nécessaire. Cette présence pour le rayon fitness est estimée approximativement de 2 heures par semaine.
- Présence sur la surface de vente : lors la période estivale, pour le rayon fitness, 2 personnes doivent être présentes tous les jours une heure avant l'ouverture du magasin. Dans la semaine, la présence des vendeurs du rayon fitness (sans tenir compte de la responsable rayon) sur la surface de vente est la suivante :
  - 1 vendeur(euse) le matin, 2 vendeurs(euses) l'après-midi ;
  - 2 vendeurs(euses) les lundi, mercredi et vendredi matin ;
  - 3 vendeurs(euses) les mercredi et vendredi après midi ;
  - 3 vendeurs (euses) le samedi journée.

ANNEXE 3 Extraits du tableau de bord commercial rayon fitness, sous rayon textile-cardio

Tableau de bord, rayon fitness, textile-cardio, semaine 49, N																		
	Lundi			Mardi			Mercredi			Jeudi			Vendredi			Samedi		
	Flux clients	CA, € TTC	TT[1]	Flux clients	CA, € TTC	TT	Flux clients	CA, € TTC	TT	Flux clients	CA, € TTC	TT	Flux clients	CA, € TTC	TT	Flux clients	CA, € TTC	TT
9 h-10 h	5	42,5	13	3	30	24	7	45,5	19	5	40	18	7	50	22	15	150	22
10 h-11 h	10	82,5	12	5	45	25	10	56	24	10	80	15	10	45	23	20	198	20
11 h-12 h	15	132	14	7	52	23	10	67	24	10	85	14	15	70	25	25	250	21
12 h-13 h	20	180	18	9	60	23	15	78	26	12	110	14	15	85	24	35	310	16
13 h-14 h	20	170	18	10	70	22	15	75	24	15	130	20	15	78	26	30	290	18
14 h-15 h	15	130	18	10	100	18	18	70	25	17	145	19	20	150	17	40	350	19
15 h-16 h	10	80	19	12	120	21	20	150	23	20	150	20	20	165	17	45	435	21
16 h-17 h	15	140	18	15	130	22	25	210	23	15	135	20	15	75	15	40	380	22
17 h-18 h	20	183	18	10	65	20	18	130	21	20	180	18	25	220	15	35	310	22
18 h-19 h	10	100	17	12	95,5	20	18	110	24	12	65	19	20	145	16	30	280	21
19 h-20 h	5	40	17	5	30	18	10	35	21	5	35	18	10	40	15	20	187	17
Total	145	1 280	16,5	98	797,5	21,5	166	1 026,5	23	141	1 155	17,5	172	1 123	19,5	335	3 140	19

[1] Le taux de transformation (TT) correspond au nombre de clients étant passé en caisse.

Le panier moyen est estimé à 25 € (pour les achats dans le rayon fitness sur le textile cardio – homme, femme, junior).

ANNEXE 4 Extraits de l'accord sur le temps partiel aménagé chez Decathlon

Le but de ces aménagements étant de pouvoir répondre à la diversité des attentes des collaborateurs (père et mère de famille, étudiants, double emploi…). Les variations d'horaires sont les suivantes.

Contrat « équilibre »

En réponse à des souhaits exprimés par les pères et mères de famille ainsi que les collaborateurs pouvant justifier d'un second emploi durable, demandes relayées par certaines organisations syndicales, il est proposé un contrat équilibre. Ce contrat limite la variation à plus ou moins 1/3 de leur base hebdomadaire moyenne contractuelle.

À titre d'exemple, un collaborateur ayant une base horaire contractuelle de 15 heures par semaine en moyenne, verra sa durée du travail hebdomadaire varier entre 10 h minimum et 20 h maximum. Dans tous les cas de figure, la durée maximum hebdomadaire ne peut atteindre la durée légale du travail (soit 34,5 h au maximum). […]

Sont des heures complémentaires, les heures comptabilisées au terme de la période annuelle de référence (soit au 31 mai) et qui dépassent la durée annuelle du collaborateur. Dans la limite de 10 % de cette durée annuelle, ces heures seront payées au taux normal, au-delà de 10 % ces heures seront majorées selon le taux légal. […]

Contrat « dynamique »

En réponse à des souhaits exprimés par certains collaborateurs, notamment des collaborateurs qui ont des besoins d'aménagement du temps de travail pour passer des examens, travailler plus pendant les congés scolaires, préparer des compétitions sportives, ou tout autre besoin, il sera proposé un contrat dynamique. La durée du travail hebdomadaire varie en 0 et 34,5 heures.

Les heures faites entre la base horaire hebdomadaire moyenne contractuelle et le plafond de 34,5 h ne sont pas des heures complémentaires. […]

Decathlon

Mon bloc-note

1

Fiche Méthode 1

Comment évaluer la taille optimale de l'équipe ?

ENJEUX

➢ Dans le cadre d'un surcroît temporaire d'activité (les opérations commerciales, les pics d'activités, les soldes, le Black Friday, etc.), le manager opérationnel doit anticiper, et donc évaluer si les effectifs présents sont suffisants ou s'il y a un besoin en personnel supplémentaire.

PRÉREQUIS

➡ Avoir fait le diagnostic de l'équipe en place (le nombre et les profils des personnes présentes, les types des contrats et la base horaire...).

➡ Avoir pris connaissance des horaires d'ouverture de l'unité commerciale et des flux de clients (le nombre de clients prévisionnel, le nombre moyen de clients reçus par heure, etc.).

1 Évaluer les besoins en personnel en cas de surcroît temporaire d'activité

Étape	Exemple	Calcul
Calculer le volume d'heures de l'équipe présente	*Une équipe commerciale est composée de 7 personnes :* • *3 vendeurs en CDI 35 heures ;* • *1 vendeuse en CDI 30 heures ;* • *2 vendeurs en CDI 10 heures ;* • *1 responsable rayon CDI 35 heures.*	Volume d'heures hebdomadaire disponible : (4 × 35) + (2 × 10) + 30 = 190 heures
Calculer le volume d'heures nécessaire pour atteindre les objectifs opérationnels	*Suite à l'analyse de l'activité commerciale de l'année dernière et à l'étude des contraintes légales, commerciales, organisationnelles[1], le volume d'heures nécessaire pour assurer les missions attendues (la préparation de la surface de vente, l'accueil, la vente, etc.) est de 215 heures :* • *lundi (33 h) ;* • *mardi (24 h) ;* • *mercredi (38 h) ;* • *jeudi (25 h) ;* • *vendredi (32 h) ;* • *samedi (63 h).*	Volume d'heures hebdomadaire nécessaire : 33 + 24 + 38 + 25 + 32 + 63 = 215 heures
Comparer et constater les éventuels écarts (en nombre d'heures ou en nombre de personnels)	*Le besoin constaté est de 25 heures. Les solutions sont multiples : le recrutement temporaire (CDD[2] de 25 heures), le recours aux stagiaires, aux heures supplémentaires, aux heures complémentaires (les salariés à temps partiel), à la polyvalence au sein de l'unité commerciale, etc.*	Écart constaté en nombre d'heures : 215 − 190 = 25 heures soit 1 salarié à temps partiel

[1] Les différentes contraintes

[2] Les différents types de contrat du travail

Fiche Repères 1
Fiche Repères 2

2 Évaluer des besoins en personnel en cas d'évolution de l'unité commerciale

Le manager commercial opérationnel doit faire face aux éventuels projets d'évolution du réseau, de l'UC, mais également de son équipe commerciale.

1 - Évaluer la situation actuelle

- Quels sont les horaires d'ouverture du site ?
- Combien de collaborateurs compte-t-il ?
- Sous quels statuts ?
- Quels profils ?
- Quelles qualification ?
- Quels types de contrats ?
- Quels volumes horaires ? etc.

2 - Analyser des éléments d'évolution (de l'unité commerciale, de l'équipe)

- Quelles sont des tendances de l'activité commerciale de l'UC ?
- Quelle est sa stratégie ?
- Quelles sont les perspectives de la promotion interne ?
- Combien de départs (à court, moyen termes) sont à prévoir ?
- Combien de nouveaux postes à créer ?

3 - Anticiper des besoins en personnel

- Quels sont les emplois à créer ?
- Les missions à supprimer ?
- Les postes à fusionner ?
- Les profils recherchés à adapter ?
- Le niveau de qualification à augmenter ?

➥ *Exemple*

La société ChronoDrive a réalisé 6 700 commandes en octobre N. Le directeur prévoit d'ouvrir le site le dimanche
En conséquence, il pilote une augmentation des commandes de 5 % en octobre N + 1. En moyenne, la préparation d'une commande prend 30 minutes. L'équipe actuelle est composée de 15 préparateurs à 35 h par semaine et 20 préparateurs à 15 h par semaine.

- *Volume d'heures disponibles : (15 préparateurs × 35 h × 4 semaines) + (20 préparateurs × 15 h × 4 semaines) = 2 100 + 1 200 = 3 300 heures disponibles.*
- *Volume d'heures nécessaire : (6 700 × 5 %) × 0,5 × 0,5 h = 3 517,30 heures nécessaires.*

L'équipe actuelle n'est pas en mesure d'assurer la préparation des commandes clients puisqu'il manque 54,37 heures hebdomadaires (3 517,30 h – 3 300 = 217,30 h par mois ; 217,30/4 = 54,37 h hebdo).

Consultez le site du ministère du Travail : travail-emploi.gouv.fr

Site web

CEJM

Les actions opérationnelles à mettre en place suite à cette démarche peuvent être le recrutement en externe, la polyvalence, la promotion interne, les formations, les coachings, le licenciement, la retraite...

Fiche Repères 1

Les contraintes commerciales, managériales, légales, réglementaires et conventionnelles

1 Les enjeux

Le besoin en personnel doit permettre de **répondre aux demandes des clients** et d'assurer un contact de qualité tout en respectant les différentes contraintes.

2 Les contraintes qui influent sur la taille de l'équipe

La taille d'une équipe est très dépendante de la structure interne de l'UC et de son orientation stratégique. On peut dégager deux niveaux d'influence :

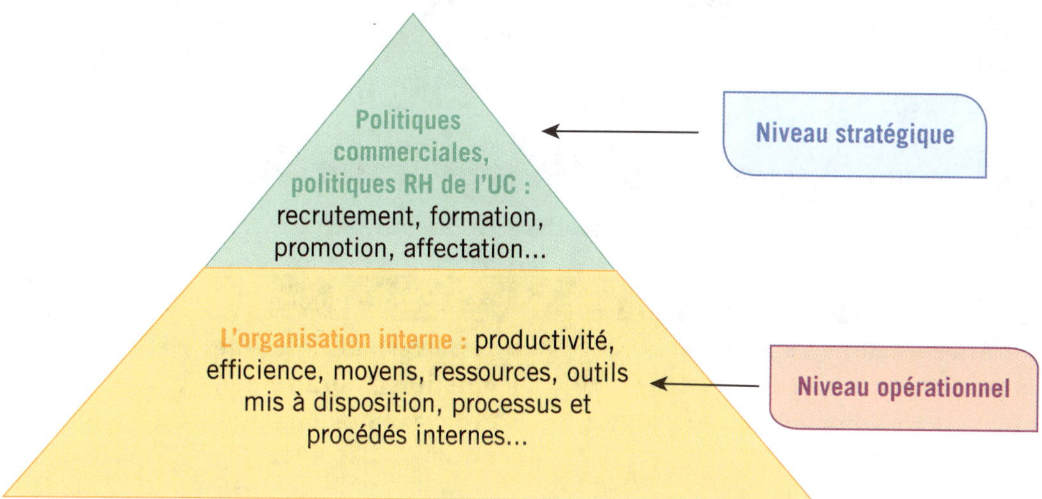

Les éléments externes ont également un impact important :

- **la fluctuation de la densité** de la zone de chalandise ;
- **l'expansion ou la fermeture** de la concurrence ;
- **la mise à jour des infrastructures** (des travaux perturbant des flux clients ou une nouvelle ligne de transports en commun).

3 Les contraintes commerciales

Du point de vue commercial, les besoins en personnel sont déterminés à l'aide des éléments suivants :

Analyse des indicateurs chiffrés
N par rapport à N -1 (CA, volume de la production, etc.)

→ **Analyse des tendances économiques**
(croissance du marché, etc.)

→ **Analyse des périodes temporelles**
(variation saisonnière, vacances, etc.)

À court terme, il est important de s'appuyer sur des **données issues des prévisions de trafic clientèle** à la semaine, à la journée, voire par tranche horaire.

Des contraintes extérieures à l'UC influent sur ces indicateurs :

- **positionnement des concurrents** ;
- **facteurs environnementaux** (politique, économique, socioculturel, technologique...).

Les données issues de cette analyse permettent d'évaluer l'adéquation entre le personnel et les besoins commerciaux.

4 Les contraintes managériales

Le diagnostic des contraintes managériales suit un processus continu en fonction des évolutions stratégiques de l'enseigne :

Stratégie de l'enseigne → Création et/ou suppression d'emploi → Évolution des carrières

Ce diagnostic doit se faire à deux niveaux : **qualitatif et quantitatif**.

Données qualitatives	Données quantitatives
• **Gestion prévisionnelle du personnel :** promotions, mutations, départs, retraites, etc. • **Contraintes organisationnelles :** réunions, entretiens, formations • **Définitions de postes**, compétences	• **Turnover**, absentéisme • **Amplitude horaire** de l'UC • **Prévision des effectifs** (profils, statut, sexe, pyramide des âges...)

5 L'évolution de l'équipe

Lorsque le nombre d'heures disponibles est inférieur au nombre d'heures nécessaires, le manager doit remédier à ce besoin. Il existe plusieurs solutions :

- en interne :
  - **mutation** d'une UC à une autre (renfort),
  - **polyactivité** (possibilité pour le salarié à temps partiel d'obtenir en complément d'heures en effectuant une autre activité relevant d'un même niveau de qualification),
  - **recours aux heures supplémentaires** (effectuées par le salarié ***à temps complet*** au-delà de la durée normale prévue par son contrat de travail),
  - **recours aux heures complémentaires** (effectuées par le salarié ***à temps partiel*** au-delà de la durée normale prévue par son contrat de travail et sans lui faire atteindre l'horaire légal de 35 h / semaine) ;
- ou en externe :
  - recrutement en CDI/CDD,
  - recrutement en CTT.

Fiche Repères 2
Fiche Repères 2

6 Les contraintes légales, réglementaires et conventionnelles

Des aspects légaux, réglementaires propres à la branche d'activité (distribution, restauration, etc.) sont également à prendre en compte afin d'assurer l'activité de l'UC. Ces contraintes sont fixées par un ensemble de sources du droit du travail :

- **le Code du travail :** ensemble des textes législatifs et réglementaires applicables en matière de droit du travail. Cela concerne bien les salariés, ainsi que l'employeur ;
- **le contrat de travail ;**

Fiche Repères 2

- **les conventions collectives et accords collectifs** : il s'agit des règles particulières du droit du travail concernant un secteur donné. Ces textes juridiques sont validés par les organisations syndicales représentatives des salariés et les organisations ou groupements d'employeurs. L'employeur doit les appliquer, sauf cas particulier ;
- **le règlement intérieur** de l'UC : document interne qui précise un certain nombre des règles, notamment en matière des comportements et des attitudes, d'hygiène, de sécurité ou de sanctions, que le collaborateur et l'employeur doivent respecter au sein de l'entreprise.

Lutte contre la précarité : extrait de la convention collective nationale du commerce des articles de sport et d'équipements de loisirs : www.legifrance.gouv.fr

Site web

Les sources du droit du travail posent des droits et devoirs pour l'employeur et le salarié.

Les règles à respecter par l'employeur

- Prise en compte des règles d'hygiène et de sécurité, des contraintes physiques et des contraintes psychologiques. Le salarié doit travailler en sécurité.
- Respect de la réglementation concernant l'organisation du travail (temps de travail, aménagement du temps de travail[1], heures supplementaires, travail de nuit du dominical, jours de congé).
- Respect des règles de recrutement (non-discrimination, suivi des formalités d'embauche).
- Organisation du dialogue social[2] (par le biais de différents acteurs institutionnels).

Les règles à respecter par le salarié

- Respect des termes du contrat de travail (assiduité, ponctualité).
- Respect des procédures prévues par l'entreprise (règlement intérieur, procédures professionnelles, etc.)
- Application des consignes de travail fournies par l'employeur (la fiche de poste peut être utilisée).
- Obligation de loyauté et de discrétion.

[1] L'aménagement du temps de travail se repose sur 2 principes :

- la flexibilité se traduit comme la prise en compte des impératifs du fonctionnement de l'entreprise avec les attentes des salariés (temps libre ou autonomie d'horaires) ;
- la modulation se traduit par la répartition des heures de travail sur toute (ou une partie) l'année.

[2] Dialogue social Chapitre 7

L'aménagement du temps de travail peut se faire à plusieurs niveaux : journalier, hebdomadaire, mensuel ou annuel.

Le contrat de travail

1 Définition

Le contrat de travail est reconnu dès l'instant où une personne (le salarié) s'engage à travailler, moyennant rémunération, pour le compte et sous la direction d'une autre personne (l'employeur). Afin d'être reconnu juridiquement, le contrat de travail doit réunir 3 éléments :

- **une prestation de travail** ;
- **une rémunération** ;
- **un lien de subordination** entre le salarié et l'employeur.

Il existe différents types de contrat de travail selon leur durée, l'activité de l'employeur ou la nature du travail confié au salarié…

2 Les différents types de contrat

Type	Description
Le contrat à durée indéterminée – CDI	C'est le contrat de base. Il est conclu sans limitation de durée.
Le contrat à durée déterminée – CDD	Il intègre une date de fin. Le CDD est temporaire et doit être conclu pour une raison précise stipulée dans le contrat : remplacement, accroissement temporaire de l'activité, travail saisonnier, CDD d'usage…
Le contrat de travail temporaire – CTT	Ce contrat est conclu pour la réalisation d'une mission précise et temporaire. Dans ce cas, les salariés et les employeurs se rapprochent d'une entreprise de travail temporaire (agence d'intérim) qui fait office d'intermédiaire.
Le contrat de professionnalisation ou d'apprentissage	Pour bénéficier d'un tel contrat, il faut avoir entre 16 et 25 ans ou être un demandeur d'emploi de plus de 25 ans et souhaiter acquérir des compétences professionnelles spécifiques. La personne alterne les périodes en entreprise et en formation.
Le contrat unique d'insertion – CUI	Il s'agit d'aider les chômeurs à trouver un emploi, lorsqu'ils témoignent des difficultés sociales et/ou professionnelles particulières. Les employeurs doivent contacter Pôle emploi, la mission locale, Cap emploi ou le conseil général pour recruter quelqu'un en CUI. Ces contrats sont signés dans le but d'accompagner l'insertion durable dans l'emploi.

3 Les contrats de travail précaires

Nom	CDD – contrat de durée déterminée	CTT – contrat de travail temporaire, appelé « intérim »
Objet	Exécution d'une tâche précise et temporaire. Généralement, ce type de contrat est utilisé lorsque la durée des tâches dépasse 3 mois.	Exécution d'une mission précise et temporaire.
Durée maximale	18 mois, renouvellements compris.	18 mois, renouvellements compris.
Période d'essai	1 jour de travail par semaine travaillée, dans la limite de 2 semaines pour les contrats de moins de 2 mois.	3 jours pour les contrats de 1 à 2 mois, puis un jour de travail par semaine travaillée.
Terme du contrat	Le terme du contrat est précis et en lien avec l'objet du contrat (remplacement, activité commerciale accrue...). Pas d'aménagement possible sauf en cas de faute grave, force majeure, ou si le salarié a retrouvé un emploi en CDI.	Le terme du contrat est précis, en revanche un aménagement du terme est possible. Par exemple : il est possible d'avancer ou de reporter de 1 jour par tranche de 5 jours travaillés dans la limite de 10 jours de travail et sans dépasser la durée maximale légale.
Prime de précarité	Indemnité de précarité de 10 % des sommes totales brutes perçues, sauf en cas de faute grave, force majeure ou si le salarié a retrouvé un emploi en CDI. *L'indemnité n'est pas versée dans le cas d'un contrat saisonnier ou d'un job étudiant.*	Indemnité de précarité de 10 % des sommes totales brutes perçues, sauf en cas de faute grave, force majeure ou si le salarié a retrouvé un emploi en CDI. *L'indemnité est aussi versée dans le cas d'un contrat saisonnier ou d'un job étudiant pendant les vacances scolaires.*
Effectif	Le salarié est pris en compte dans l'effectif de l'entreprise.	L'intérimaire n'est pas pris en compte dans l'effectif de l'entreprise qui fait appel à lui.
Remplacement du salarié en cours de contrat	Impossible sauf faute grave.	Possible si l'agence d'intérim propose un nouveau contrat à l'intérimaire.
Formalités administratives	À la charge de l'entreprise.	À la charge de l'agence d'intérim.

Vidéo 3'42

➥ *Exemple :* modèle de contrat en CDI

Contrat de travail à durée indéterminée

Entre les soussignés :

La Société .... située .... – ...., immatriculée au Registre du Commerce et des Sociétés de .... sous le numéro ....,

Représentée par ...., agissant en sa qualité de ....,

D'une part,

Et :

Melle/Mr/Mme ...., de nationalité ....,

Né(e) le *XX/XX/XXXX* à .... – N°SS : ....,

Demeurant au ....

D'autre part,

Il est arrêté et convenu ce qui suit :

Article 1 : Engagement

Vous êtes engagé(e) à compter du .... au sein de la société, sous réserve du résultat favorable de la visite médicale d'embauche.

Article 2 : Fonctions exercées

Vous exercerez les fonctions de ...., statut ...., niveau ...., coefficient ....

Vous vous engagez à vous conformer aux dispositions conventionnelles en vigueur dans la société .... Actuellement, est applicable la Convention Collective n° ....

Article 3 : Lieu de travail et clause de mobilité

Votre lieu de travail sera le siège de la société, actuellement situé ....

Ce lieu de travail ou le service auquel vous êtes affecté(e) pourra être modifié en fonction des évolutions internes de l'entreprise. Les délais de prévenance pour ces éventuelles modifications respecteront les dispositions légales.

À ce titre, vous acceptez tout changement de lieu de travail dans la région ....

Article 4 : Durée du contrat et période d'essai

Le présent contrat est conclu pour une durée indéterminée. En conséquence, chacun de nous aura la faculté d'y mettre fin à tout moment, à charge de respecter les règles de procédures légales et conventionnelles.

Les 4 premiers mois de son exécution constituent une période d'essai pour les cadres ou les 2 premiers mois de période d'essai pour les non cadres, au cours de laquelle chacune des parties pourra mettre fin sans indemnité d'aucune sorte, à charge pour la partie qui rompt la période d'essai de respecter les dispositions légales et conventionnelles. Cette période d'essai pourra être prolongée exceptionnellement d'une période de même durée.

Article 5 : Rémunération

Votre rémunération annuelle brute est fixée à .... € (............. euros), soit une rémunération versée en douze mensualités d'un montant forfaitaire brut de ....€ (.......... euros).

Article 6 : Durée du travail

En fonction de l'accord de l'entreprise.

[...]

Article 8 : Congés payés

Vous bénéficierez des congés payés et en l'absence d'accord commun, la date de vos congés payés sera déterminée par la société.

Article 9 : Protection sociale

Vous cotiserez aux différents régimes de retraite et de prévoyance en vigueur au sein de notre Société.

[...]

Article 12 : Obligation de fidélité

Pendant la durée du présent contrat, vous prenez l'engagement de ne participer, sous quelque forme que ce soit, à aucune activité susceptible de concurrencer en tout ou partie celle de la société qui vous emploie.

[...]

Article 15 : Résiliation

Sauf licenciement pour faute grave ou lourde, le contrat pourra être résilié, par l'une ou l'autre des parties, moyennant un délai-congé dont la durée est fixée par la convention collective en fonction du statut et de l'ancienneté dans l'entreprise.

[...]

Vous voudrez bien nous confirmer votre accord en apposant votre signature précédée de la mention manuscrite lu et approuvé sur la dernière page, les pages précédentes étant également à parapher par vos soins.

Nous vous prions de croire, ... , à l'expression de nos salutations distinguées.

Fait en deux originaux,

À ...., le ....,

Le signataire,

Le /La salarié(e)

CEJM

- ✔ Le contrat de travail peut prendre fin par licenciement (faute grave ou lourde, raison économique), par démission ou par rupture conventionnelle.
- ✔ Un CDD ne doit pas remplacer un CDI et peut être converti.

Applications

APPLICATION 1 Évaluer des besoins en personnel

La direction du magasin But Saint-Lô prévoit une évolution de l'unité commerciale : agrandissement de l'espace de vente, modification des horaires d'ouverture du magasin, etc. Avant la mise en œuvre de ce projet, le magasin, ouvert 8 heures par jour sur 6 jours, recevait en moyenne 2 500 clients par semaine. Après la mise en place des modifications, le magasin sera ouvert 9 heures par jour et pourrait accueillir approximativement 10 % de clients en plus par semaine.
Le directeur du site a également exprimé sa volonté de conseiller au moins la moitié de ces clients, sachant qu'il faut 15 minutes en moyenne pour assurer cette tâche. Un vendeur ayant un contrat de 35 heures hebdomadaires ne peut consacrer que 50 % de son temps de travail à l'accueil et au suivi de la clientèle.
Le directeur du site vous demande de travailler sur le besoin en personnel après la mise en œuvre du projet.

1. Évaluez le besoin en personnel de l'unité commerciale (en heures et en nombre de personnes).
2. Rédigez une note en proposant des préconisations pour répondre à la demande.

Fiche Méthode 1

APPLICATION 2 Analyser le besoin en personnel supplémentaire face à un surcroît d'activité

Vous travaillez dans une agence de conseil aux entreprises du secteur de l'hôtellerie-restauration. Votre manager vous demande d'étudier plus précisément les évolutions des besoins en main-d'œuvre dans le secteur.

1. Identifiez les facteurs à prendre en compte pour évaluer les besoins ponctuels en personnel supplémentaire.
2. En vous aidant des données fournies dans le Doc, p. 22, identifiez les principales causes de pénurie de main-d'œuvre. Faites des préconisations, en argumentant votre réponse.

Fiche Méthode 1

Applications

DOC. Le casse-tête du manque de personnel pour les hôtels et restaurants

Alors que la saison bat son plein, certains établissements doivent fermer leurs portes en raison du manque de personnel. Une situation qui inquiète les professionnels du secteur.

Les hôtels et les restaurants manquent de bras, notamment pour les emplois peu qualifiés. Et en pleine période de vacances, le manque de personnel est criant. Au point que des établissements sont dans l'obligation de fermer leurs portes. Un comble, alors que la clientèle est là.

« **On n'arrive pas à trouver des gens**. » À Bordeaux par exemple, pour embaucher ses précieux saisonniers, Olivia, responsable du Canopée Café, s'y prend dès le mois de janvier. Et pourtant, « il manque deux personnes en cuisine actuellement. On a fermé également le dimanche sur la période estivale », déplore-t-elle au micro d'Europe 1.

Selon le syndicat national des hôteliers-restaurateurs (GNI-Synhorcat), entre 150 000 et 180 000 emplois sont non pourvus. Un phénomène qui vient notamment d'un déficit au niveau de la formation. « Beaucoup d'élèves sont présents en CFA, mais peu en sortent ou veulent en sortir », indique Pascal Pelissier, restaurateur et membre du syndicat, sur Europe 1.

Pourtant, selon Pascal Pelissier, il ne faut pas avoir peur de commencer en bas de l'échelle. « Personne ne reste plongeur jusqu'à la fin de sa carrière. [...] En sortant des écoles hôtelières, il ne faut pas avoir peur de démarrer dans des postes en dessous de ce que l'on espérait », affirme le restaurateur.

Des sans-papiers pour pallier le déficit de personnel ? Pour pallier cette pénurie de main-d'œuvre, les restaurateurs avancent des solutions, en proposant notamment de faciliter l'embauche de travailleurs sans-papiers. « Chaque semaine, il y en a trois ou quatre qui me laissent leur CV. Ils n'ont pas de papiers, ni de titre de séjour, donc on ne peut pas les embaucher alors que leur volonté est là », regrette Pascal Pelissier.

Guillaume Perrodeau, Mélanie Nunes, www.Europe1.fr, 8 août 2018

APPLICATION 3 Trouver une solution

En tant que responsable d'un magasin de téléphonie, vous avez décidé de renforcer votre équipe à l'occasion d'un surcroît temporaire d'activité de 3 mois. 35 heures hebdomadaires sont à pourvoir. Plusieurs solutions sont possibles : recours aux heures supplémentaires, complémentaires ;

- recours aux stagiaires ;
- recrutement d'un CDD ;
- recrutement d'un CTT.

→ **Sous forme d'un tableau, comparez toutes les possibilités en mettant en avant des avantages et des inconvénients de chaque solution.**

Fiche Repères 2

www.easycdd.com

Site web

www.l-expert-comptable.com

Site web

APPLICATION 4 Compléter l'équipe commerciale

Vous êtes embauché(e) en tant que responsable rayon en formation d'une enseigne spécialisée dans la musique (instruments, accessoires, services associés, etc.). Dans le cadre de l'expansion de l'unité commerciale, votre directeur souhaite mettre en place un espace de vente permettant d'accroitre les indicateurs de performance.

1 À partir des éléments récoltés, chiffrez (pour le premier trimestre d'activité) le volume mensuel d'heures de travail nécessaires pour assurer le fonctionnement du nouvel espace de vente.

2 Définissez le nombre de vendeurs nécessaires.

3 Indiquez les différents types de contraintes à tenir compte. Concluez en précisant les répercussions de non respect des contraintes définies.

4 Proposez des solutions managériales adaptées pour répondre aux besoins en personnel exprimés.

Fiche Méthode 1
Fiche Repères 1
Fiche Repères 2

DOC. Les éléments clés du nouvel espace de vente

- Le trafic des clients prévisionnel pendant le 1er trimestre évalué dans le tableau ci-dessous :

Mois	Octobre	Novembre	Décembre
Nombre de visiteurs	400	320	480

- Le taux de transformation du magasin en temps normal est en moyenne de 40 %. Suite à la préconisation du directeur, cet indicateur doit être le même pour le nouvel espace de vente, car il s'agit de la politique commerciale générale de l'enseigne.
- Le choix des articles par les clients peut se faire en partie sans intervention de l'équipe commerciale. Il est possible que les clients aient eu les renseignements nécessaires par leurs soins ou en amont par les vendeurs. En revanche, les membres de l'équipe commerciale doivent manifester leur présence en termes d'accueil et de disponibilité. Cela se traduit par la répartition du temps suivante : en moyenne 5 minutes par visiteur non acheteur et 15 minutes par client acheteur.
- Les vendeurs seront présents 5 jours par semaine. La base horaire de tous les vendeurs est la même : contrat à durée indéterminée de 35 h hebdomadaires (soit 151,67 h mensuelles).
- Selon les observations du directeur, les vendeurs consacrent en moyenne 20 % de leur temps de travail aux tâches non commerciales (réapprovisionnement, facing, administratif, nettoyage, etc.) et 80 % de leur temps au conseil clients.

APPLICATION 5 Anticiper les besoins en personnel

Vous avez intégré l'équipe d'une pépinière afin de réaliser votre stage dans le cadre vos études BTS MCO. Votre tutrice, la directrice du site, fait appel à vous pour la seconder dans la gestion de l'équipe. En effet, elle souhaite recenser ses besoins en personnel afin d'assurer correctement le fonctionnement de son unité commerciale.

Applications

1. À partir des éléments indiqués dans le document 1, calculez le nombre d'heures de travail nécessaires afin d'assurer le fonctionnement de l'unité commerciale et répondre au mieux aux attentes de la clientèle.
2. À partir des informations présentées dans le document 2, indiquez si le volume horaire disponible actuellement est suffisant pour répondre aux besoins exprimés.
3. Proposez les solutions managériales possibles permettant de répondre aux contraintes de fonctionnement de l'équipe.

Fiche Méthode 1
Fiche Repères 2

DOC. 1 Besoins en personnel

Les informations à prendre en compte :

- la pépinière est ouverte tous les jours du lundi au samedi, sauf dimanche ;
- les horaires d'ouverture de l'unité commerciale sont toujours les mêmes : de 9 h à 20 h, sans interruption ;
- les équipiers sont en charge de la réception (de 6 h à 9 h) : le lundi, 2 personnes, et les autres jours de la semaine une personne suffit.

Afin de quantifier les flux clients, la directrice du site a mis en place un tableau permettant de visualiser le degré de flux clients.

Niveau	Besoin en personnel
A – Faible	2 personnes minimum
B – Moyen	3 personnes minimum
C – Important	4 personnes minimum

	Lundi	Mardi	Mercredi	Jeudi	Vendredi	Samedi
9 h-10 h	A	A	B	A	B	C
10 h-11 h	A	A	B	A	B	C
11 h-12 h	A	A	B	A	B	C
12 h-13 h	A	A	B	A	B	C
13 h-14 h	A	B	C	B	C	C
14 h-15 h	A	B	C	B	C	C
15 h-16 h	A	B	C	B	C	C
16 h-17 h	A	B	C	B	C	C
17 h-18 h	A	B	C	B	C	C
18 h-19 h	A	B	C	B	C	C
19 h-20 h	A	B	C	B	C	C

DOC. 2 Composition de l'équipe actuelle

Nom	Intitulé du poste	Type de contrat, base horaire
Matteo JAMES	Équipière polyvalente	CDI, 35 h
Hassan WAFO	Équipier polyvalent	CDI, 35 h
Tatiana ANGE	Équipière polyvalente	CDI, 35 h
Éric DELORD	Équipier polyvalent	CDI, 25 h
Hanna JOUK	Équipière polyvalente	CDD, 23 h
Nathalie GALLET	Équipière polyvalente	Contrat étudiant, 14 h

Thème 1

2 Répartir les tâches et réaliser les plannings

COMPÉTENCES
- Répartir les tâches
- Réaliser les plannings
- Respecter la législation

LE CAS Leroy Merlin

FICHE MÉTHODE 1 Comment construire un tableau de répartition des tâches ?

FICHE REPÈRES 1 Les différents types de planning

FICHE MÉTHODE 2 Comment réaliser un planning ?

FICHE MÉTHODE 3 Comment construire un tableau d'ordonnancement des tâches ?

APPLICATIONS

LE CAS LEROY MERLIN

- **Activité**
Commerce de détail de quincaillerie, peintures et verres en grande surface
- **Stratégie**
L'enseigne pratique la stratégie de différenciation, de développement et d'extension du marché
- **Cible**
Bricoleurs, passionnés de la rénovation et de l'amélioration de l'habitat
- **Chiffres clés**
6,64 milliards d'euros de chiffre d'affaires, 22 830 collaborateurs
- **Classement**
L'enseigne est leader sur le marché français dans les domaines du bricolage et de l'aménagement de la maison
- **Unité commerciale**
Leroy Merlin Tourcoing / Neuville-En-Ferrain
- **Localisation**
343 Rue de Roncq, 59212 Tourcoing
- **Horaires ouverture**
Ouvert du lundi au vendredi de 8 h 30 à 20 h, le samedi de 8 h 30 à 19 h
- **Effectif**
120 collaborateurs

Vidéo 0'41

2

LE CAS LEROY-MERLIN

Magasin Leroy Merlin Tourcoing / Neuville-en-Ferrain. Dirigé par Jean-Philippe Gauvain, le secteur du sol regroupe les rayons suivants : le revêtement de sol, le carrelage et le parquet.

L'équipe du secteur se compose de 12 personnes. La vente de matériel sur la surface de vente se fait par libre-service et un conseil assisté.

→ **Assistant(e) manager au sein de cette unité commerciale, vous êtes affecté(e) au rayon carrelage sous la responsabilité de Jean-Philippe Gauvain. Ce dernier vous confie les missions de gestion de l'équipe commerciale.**

MISSION 1 Répartir les tâches

Annexes 1 à 3

Afin de renforcer son équipe face à l'accroissement de l'activité, M. Gauvain a recruté un nouveau stagiaire en alternance venant de BTS MCO. L'arrivée de la nouvelle personne impacte l'organisation actuelle. Il est donc nécessaire d'analyser la répartition des tâches actuelle entre les membres de l'équipe afin de pouvoir y apporter des améliorations. M. Gauvain vous demande d'étudier la question.

1. Préparez un planning journalier d'intégration du nouveau stagiaire.
2. En prenant compte les consignes du chef de secteur, analysez la fiche d'autoanalyse des conseillers de vente. Que pouvez-vous en conclure ?
3. Construisez un tableau de répartition des tâches, en intégrant le nouveau collaborateur pour une journée type.

Fiche Repères 1

Fiche Méthode 1

MISSION 2 Établir un planning hebdomadaire

Annexe 4

Préoccupé par la qualité de l'accueil, le chef de secteur vous transmet les nouvelles contraintes organisationnelles du rayon carrelage.

4. Présentez le planning hebdomadaire de l'équipe carrelage dans la nouvelle organisation.

Fiche Méthode 2

MISSION 3 Planifier le réaménagement du rayon carrelage

Annexe 5

Depuis quelques semaines, M. Gauvain constate une baisse de chiffre d'affaires de son rayon carrelage. Il envisage plusieurs actions afin de faire face à cette situation. En tant qu'adjoint, il vous demande de piloter le réaménagement du rayon carrelage.

5. Présentez l'ordonnancement des tâches selon la méthode Gantt, afin d'identifier la durée du réaménagement.
6. Expliquez comment l'organisation du travail de l'équipe commerciale renforce son efficacité.

Fiche Méthode 3

AUTO-ÉVALUE-TOI !

	🙂	😐	☹
La répartition des tâches est rationnelle et objective.			
Les plannings sont opérationnels.			
Les contraintes légales, réglementaires, commerciales et organisationnelles sont respectées.			

ANNEXE 1 Fiche d'autoanalyse des conseillers de vente

L'équipe actuelle est composée de 5 personnes : un manager, un adjoint manager et 3 conseillers de vente, Pascale en temps complet 35 h, Honorine en temps complet 35 h et Yves en temps partiel 25 h.

Pascale	Lundi	Mardi	Mercredi	Jeudi	Vendredi	Samedi
Réception, mise en rayon des marchandises	2 h	1 h	1 h	Jour de repos	1 h	2 h
Vente	2 h	4 h	4 h		5 h	5 h
Mise en valeur des produits			1 h		1 h	1 h
Rangement du rayon	1 h		2 h		0,30 h	0,30 h
Autres	0,30 h		0,30 h		1 h	
Total	5 h 30	5 h	8 h30		8 h 30	7 h 30

Honorine	Lundi	Mardi	Mercredi	Jeudi	Vendredi	Samedi
Réception, mise en rayon des marchandises	Jour de repos			1 h		
Vente		3 h 30	5 h	4 h	4 h 30	3 h
Mise en valeur des produits				2 h		
Rangement du rayon		2 h	0,30 h	1 h	2 h 30	4 h
Autres			1 h 30			0,30 h
Total		5 h 30	7 h	8 h	7 h	7 h 30

Yves	Lundi	Mardi	Mercredi	Jeudi	Vendredi	Samedi
Réception, mise en rayon des marchandises	2 h		Jour de repos	2 h	4 h	2 h
Vente	1 h			1 h	1 h	3 h
Mise en valeur des produits				2 h 30		2 h
Rangement du rayon	2 h				2 h	
Autres					0,30 h	
Total	5 h			5 h 30	7 h 30	7 h

ANNEXE 2 Relevés de la pointeuse

- Pascale ne prend que 20 minutes sur son temps de pause de déjeuner (le temps de pause pratiqué au sein de l'unité commerciale est au moins d'1 heure) pour pouvoir effectuer l'ensemble de ses tâches (lors des journées de 8 h 30).
- Yves est arrivé 2 fois en retard (de 10 et 15 minutes) par rapport à la planification initiale.
- Pour Honorine, RAS.

ANNEXE 3 Consignes de chef de secteur

- Dans la semaine, les vendeurs doivent consacrer au moins 50 % du temps à l'accueil client et la vente (et 90 % pour le samedi).
- Dans la semaine, chaque vendeur doit passer au moins 20 % de son temps à ranger le rayon et garantir la propreté.

ANNEXE 4 Fonctionnement habituel de l'équipe carrelage

- Les vendredi et samedi, toute l'équipe doit être présente en magasin.
- Les plages horaires ne pourront pas dépasser 6 heures de présence successive et ne pas durer moins de 3 heures.
- Le stagiaire en alternance sera présent 35 heures dans l'UC la semaine concernée.
- Le magasin est ouvert du lundi au samedi de 9 h à 20 h. Chaque jour, dès 7 h du matin, une personne du rayon carrelage doit être présente à la réception afin de préparer l'ouverture du rayon pour les clients.
- Un vendeur doit être présent toutes les fermetures du magasin afin de préparer le rayon pour l'équipe du lendemain.

ANNEXE 5 Tâches concernées par le réaménagement du rayon carrelage

Tâche	Intitulé	Durée, jour	Tâche antérieure
A	Préparer le matériel, passer la commande de l'équipement	1	–
B	Passer la commande des marchandises	1/2	–
C	Passer la commande des supports de communication PLV, ILV	1	A
D	Sécuriser la zone de réaménagement	1/2	A
E	Démonter l'équipement utilisé, ranger dans la zone de stockage	2	A, B
F	Préparer la zone concernée (connecter les réseaux électriques...)	1	A, B
G	Carreler la zone de travail	2	E
H	Réceptionner le matériel nécessaire	1/2	A
I	Réceptionner les marchandises	1/2	B
J	Monter et installer le matériel, ainsi que les équipements nécessaires	1 j	G, H
K	Mettre en rayon les marchandises, les présenter de manière attractive	3 j	I
L	Installer les supports de communication	1 j	B, I
M	Enlever les barrières, nettoyer la zone	1/2	J, K, L
N	Ouvrir le rayon à la clientèle	–	M

Mon bloc-note

Fiche Méthode 1

Comment construire un tableau de répartition des tâches (TRT) ?

ENJEUX

- Clarifier les missions précises dans un domaine spécifique
- Assurer la cohérence dans la répartition des tâches (les missions principales et secondaires dans le cadre de la fiche de poste)
- Identifier les surcharges ou sous charges de travail
- Employer le TRT en tant que support de communication au sein d'une équipe

PRÉREQUIS

- Avoir défini la liste des tâches, ainsi que les collaborateurs participant au processus.

1 Construire un tableau de répartition des tâches (TRT)

Étapes	Descriptif
Identifier le domaine d'activité	• Collecter des informations à partir des **recherches directes** (des entretiens individuels avec des collaborateurs sur la base des fiches de poste, etc) et des **analyses menées** (des observations réalisées, l'étude des feuilles de pointage, etc.). • L'objectif de cette étape est d'estimer le temps nécessaire pour réaliser chaque tâche séparément.
Lister des tâches identifiées	Regrouper les tâches en **activités homogènes** (management : analyser le besoin en personnel, calculer l'écart d'heures, rédiger une annonce, etc. / gestion : réaliser l'inventaire, effectuer le réapprovisionnement, etc.).
Définir les postes ou les collaborateurs concernés par les tâches	Afin de mieux évaluer le temps passé pour chaque tâche, le manager opérationnel doit **tenir compte des contraintes internes** de l'unité commerciale, mais surtout de la **fiche de poste** des collaborateurs concernés.
Construire le tableau de répartition des tâches sous forme d'un tableau	• **Colonnes :** 1/ activités identifiées 2/ tâches associées 3/ nom, prénom du participant, ainsi que son poste 4/ autant de colonnes que de participants identifiés • **Lignes :** différentes tâches du domaine d'activité
Inscrire la durée de chaque tâche	Indiquer **le temps estimé** (à partir du TRT, le manager peut calculer le temps que passe chaque collaborateur à une tâche / activité) à la réalisation de la tâche.
Totaliser l'ensemble de données chiffrées	Calculer **le nombre d'intervenants** et la **charge temporelle** par tâche ainsi que la charge totale par collaborateur.
Valider le contenu par l'ensemble des collaborateurs	Afin de faire adhérer les collaborateurs aux missions identifiées, il est conseillé de **faire valider les tâches** (le TRT permet également de calculer la répartition des tâches entre les collaborateurs) ainsi que le temps estimé à leur exécution.

➥ *Exemple d'un tableau de répartition des tâches au sein du rayon « montagne, randonnée » Intersport, pour une semaine du 21 au 26 février N. La durée des tâches est indiquée en heures.*

1. Déterminer la période concernée

2. Regrouper les tâches associées en activités identifiées

3. Identifier les collaborateurs concernés par les tâches (autant de colonnes que de personnes)

Tableau de répartition des tâches, la semaine du 21 au 26 février N											
Activités identifiées	Tâches associées	Vendeur 1, 35 h		Vendeur 2, 35 h		Vendeur 3, 20 h		Vendeur 4, 15 h		Total	
		h	%	h	%	h	%	h	%	h	%
Gestion	Entretenir le rayon (facing)	8*	22,9	8	22,9	11	55	10	66,7	37	35,2
	Ranger la réserve	2	5,7	2	5,7	2	10	2	13,3	8	7,6
	Diagnostiquer les ruptures de stocks	5	14,2	4	11,4					9	
	Passer les commandes	4	11,4	3	8,6					7	6,7
Total		**19**	**54,3**	**17**	**48,6**	**13**	**65**	**12**	**80**	**61**	**58,1**
Commerce	Accueillir, conseiller et vendre	8	22,8	8	22,8	6	30	3	20	25	23,8
	SAV	3	8,6	3	8,6					6	5,7
	Théâtraliser l'offre	5	14,3	7	20	1	5			13	12,4
Total		**16**	**45,7**	**18**	**51,4**	**7**	**35**	**3**	**20**	**44**	**41,9**
Total général		**35**	**35**	**100**	**20**	**100**	**15**	**100**	**100**	**105**	**100**

* 8/35 = 22,9 % du temps de travail de vendeur 1 en 35 h est consacré à l'entretien du rayon.

4. Noter le temps consacré par le collaborateur à la réalisation de la tâche

5. Additionner le temps par activité et par collaborateur

6. Procéder à l'analyse de la répartition des tâches

2 Utiliser le TRT en tant qu'outil de contrôle et d'information

Outil de contrôle, le TRT permet au manager opérationnel de :	Outil d'information, le TRT permet au manager opérationnel de :
• Vérifier si le **temps consacré à la tâche** est utilisé d'une manière appropriée par les membres de l'équipe. • **Garantir la répartition des tâches** en fonction des compétences de chaque membre de son équipe (cf la fiche de poste).	• **Projeter et anticiper** les activités de tous les membres de son équipe, tout en ayant une vision claire du fonctionnement de l'unité commerciale. • **Identifier les parties prenantes** internes dans l'exécution des tâches (qui fait quoi et pourquoi).

Le TRT permet de clarifier les missions des collaborateurs au sein de l'enseigne et de visualiser ce que chacun doit faire dans les délais prévus.

Fiche Méthode 2

Comment réaliser un planning ?

ENJEUX

- Anticiper pour optimiser la gestion des ressources internes et assurer la satisfaction des clients
- Respecter le droit du travail et les aspirations des salariés

PRÉREQUIS

- Avoir pris en compte de nombreuses contraintes, avoir pris connaissance du volume d'heures nécessaires pour assurer les missions identifiées, de la taille de l'équipe actuelle.

1 Analyser les contraintes à prendre en compte

Type	Explications	Exemples
Contraintes organisationnelles (en interne)	Les jours et les heures d'ouverture de l'unité commerciale	*L'UC est ouverte tous les jours de 9 h à 20 h sans interruption.*
	Les jours et les heures de livraison des produits	*La réception et la mise en rayon des produits se fait tous les jours en dehors des horaires d'ouverture (de 7 h à 9 h).*
	Les éléments en lien avec les salariés	*Les compétences des salariés en lien avec les tâches identifiées.*
	Les imprévus	*L'absence d'un membre de l'équipe, la panne d'une machine, etc.*
Contraintes commerciales	La gestion des flux clients en fonction des jours de la semaine (des périodes de la journée, etc.)	*Lors de la fréquentation accrue de l'unité commerciale, les équipes doivent être mobilisées pour assurer son accueil, vente et suivi.*
	La politique commerciale de l'enseigne	*La volonté de l'enseigne d'assurer la disponibilité des vendeurs sur la surface de vente.*
Contraintes légales	Durée maximale de travail hebdomadaire : • temps complet : 35 h / semaine ; • temps partiel : 24 h (minimum) / semaine (sauf travail étudiant, qui peut être inférieur).	*Pour un salarié à temps complet, une durée maximale hebdomadaire de 44 ou 48 heures par semaine au maximum sur une semaine 48 heures de travail effectif, en réunissant tous ses employeurs.* *Sur une période de 12 semaines consécutives, cette même durée de travail ne peut dépasser 44 heures hebdomadaires en moyenne.* *Pour un temps partiel, il ne faut jamais atteindre 35 h de travail sur une semaine.*
	Durée de travail journalier	*La durée de travail journalière maximale est de 10 heures. La durée minimale de travail est de 3 heures par jour*[1]
	Travail de nuit	*La période légale fixée est entre 21 h et 6 h du matin. La durée maximale de travail de nuit est égale à 8 heures par nuit*
	Repos quotidien et repos hebdomadaire	*Entre 2 journées de travail, tout salarié bénéficie d'un repos quotidien d'une durée minimale de 11 heures consécutives.* *Le repos hebdomadaire est d'au moins 24 heures consécutives, qui s'ajoutent au repos quotidien.*

[1] sauf dérogations de la convention collective et/ou règlement intérieur.

Vidéo 1'50

2 Élaborer un planning hebdomadaire collectif

Afin d'établir le planning hebdomadaire, il faut suivre le processus suivant :

Étape 1
- Définir les contraintes organisauonnelles, commerciales, légales

Étape 2
- Prendre en compte les souhaits des collaborateurs (les jours de repos, les jours de congés, autre demande)

Étape 3
- Positionner les heures de présence, tout en vérifiant le respect des contraintes
- Si ce n'est pas le cas, procéder aux modifications

Étape 4
- Communiquer le planning auprès des salariés concernés
- Faire signer la prise de connaissance des planning

Remarques :

– Le manager opérationnel est tenu de communiquer (le panneau d'affichage) les plannings 2 semaines en avance (+ la semaine courante).

– L'élaboration du planning se fait à l'aide d'un tableur ou d'un logiciel de gestion du temps.

➡ *Exemple du planning hebdomadaire de l'équipe « Fruits et légumes » du magasin Biocoop, semaine 38.*

Plusieurs solutions de planning peuvent être élaborées à partir des mêmes contraintes organisationnelles, commerciales et légales

	Lundi 9 h-20 h	Mardi 9 h-20 h	Mercredi 9 h-20 h	Jeudi 9 h-20 h	Vendredi 9 h-20 h	Samedi 9 h-20 h	Total
Abdou 25 h	9 h-13 h 30	9 h-13 h 30	13 h 30-20 h	Jour de repos	9 h-12 h 30	14 h-20 h	25 h
Irina 35 h	Jour de repos	13 h 30-20 h	9 h-13 h 30 14 h 30-17 h 30	13 h 30-20 h	13 h 30-20 h	9 h-13 h 30 14 h 30 -18 h	35 h
Léa 35 h	13 h 30-20 h	9 h-13 h 30 14 h 30-17 h 30	Jour de repos	13 h 30-20 h	13 h 30-20 h	9 h-13 h 14 h 30- 18 h 30	35 h
Paul 20 h	9 h-13 h 30		14 h 30-20 h	9 h-13 h 30	Jour de repos	14 h 30-20 h	20 h
Total	15 h 30	18 h 30	19 h 30	17 h 30	16 h 30	27 h 30	115

Contrainte organisationnelle : les horaires d'ouverture de l'UC (11h)

Contrainte légale :
– respect de la durée du travail (8 h) :
– respect de la durée de repos quotidien (> 11 h)

Contrainte commerciale : la fréquentation accrue de l'UC (24 % des heures hebdo sont planifiées samedi contre 13 % le lundi)

Fiche Méthode 3

Comment construire un tableau d'ordonnancement des tâches ?

ENJEUX

- Organiser le processus collaborative
- Estimer les charges et durées necessaries
- Affecter les moyens et les resources
- identifier les risqué
- Planifier le plan d'actions

1 GANTT – suivi de l'avancement du travail d'équipe

Le diagramme de GANTT permet de **visualiser dans le temps la répartition et l'enchaînement des tâches**.

- Commencer par construire un tableau **récapitulant les tâches nécessaires à la réalisation du projet** en leur attribuant un nom (en général une lettre), une durée et en établissant les relations d'antériorité entre les tâches.

Tâches	Intitulé	Durée	Antériorité
A	Réunion de validation de projet	1/2 j	
B	Sélection et commande des produits	1 j	
C	Réception des produits	2 j	B
D	Détermination des prix	1 j	C
E	Préparation des supports d'implantation, impression balisage	3 j	B
F	Implantation des produits	5 j	B, E

Le projet est découpé en tâches.

Chaque tâche est définie par un nom (ici les lettres) et un temps de réalisation (ici en jour).

Les liens d'antériorité sont précisés pour chaque tâche.

- **Identifier la durée du projet** et réaliser le diagramme de Gantt correspondant en reportant les tâches et leur durée sur le diagramme.

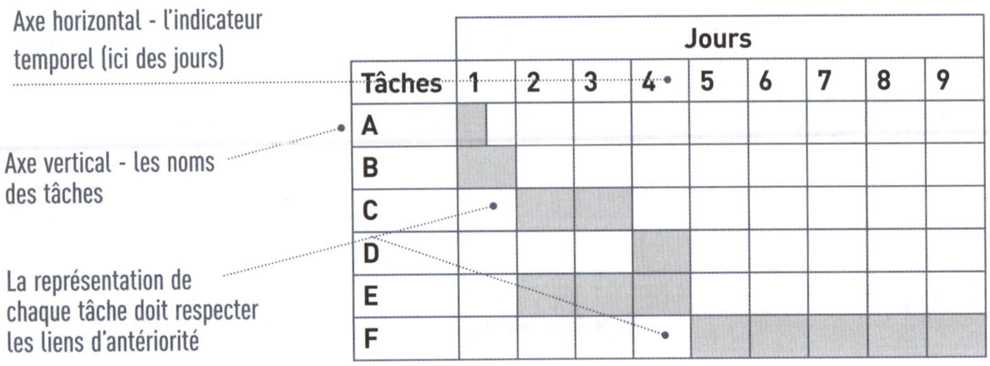

Consultez le site www.diagramme-de-gantt.fr

Site web

2 PERT – détermination du chemin critique

Le diagramme PERT consiste **à représenter sur un graphe l'ordre de succesion des tâches à accomplir** pour réaliser un projet dans un délai bien précis. Cet outil permet de visualiser les tâches qui peuvent être réalisées en même temps et celles qui doivent se succéder, mais également les liens entre les tâches. Les délais d'exécution « au plus court » et « au plus long » permettent de calculer la durée totale du projet et d'identifier le « chemin critique ».

- Reprendre un tableau récapitulant les tâches nécessaires à la réalisation du projet et leurs liens d'antériorité.

Tâches	Durée	Antériorité
A	2 j	–
B	3 j	–
C	4 j	A
D	2 j	B
E	1 j	C, D

- Dans un diagramme de Pert, les tâches sont représentées par des flèches, et sont désignées par une lettre suivie de leur durée.
- Les tâches sont toujours encadrées par 2 étapes : le début et la fin.

- **Étape 1 : calculer les dates d'achèvement au plus tôt**, c'est-à-dire le délai minimum nécessaire pour réaliser toutes les tâches antérieures à la tâche concernée. Dans le graphe précédent, le projet débute à la date 0.

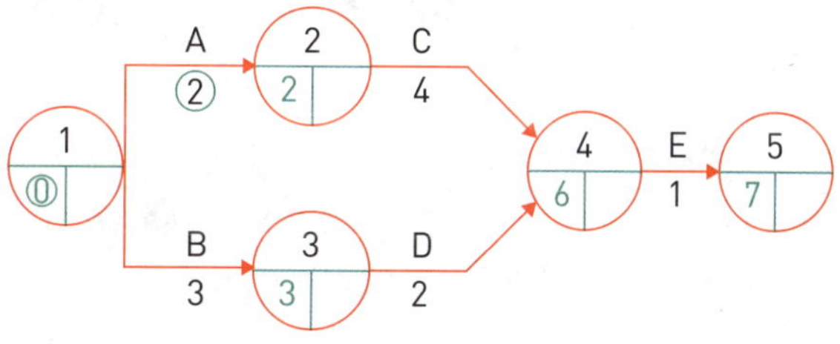

Durée au plus tôt : durée au plus tôt étape 1 (0) + durée de la tâche A(2) = 0 + 2 = 2

- **Étape 2 : calculer les dates au plus tard :** à partir de la fin du graphe, on peut déterminer pour chaque tâche la date d'achèvement au plus tard en enlevant les durées de chaque tâche.

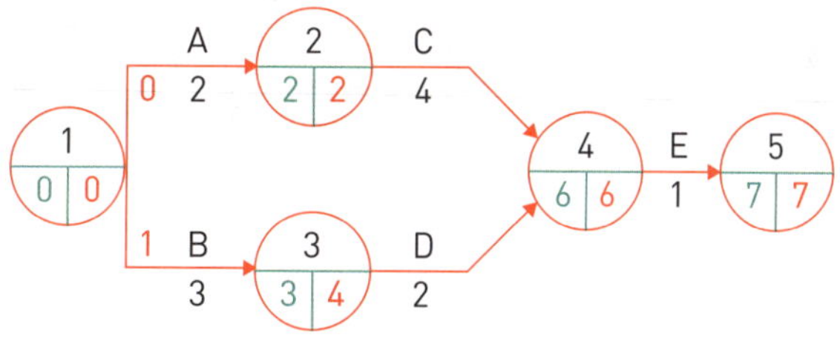

Durée au plus tard : durée au plus tard étape 1 (7) + durée de la tâche E(1) = 7 – 1 = 6

- **Étape 3 : identifier les marges de flottement :**

Tâche	Date au plus tard	Durée de la tâche	Date au plus tôt	Marge de flottement
A	2	– 2	– 0	= 0
B	4	– 3	– 0	= 1
C	6	– 4	– 2	= 0
D	6	– 2	– 3	= 1
E	7	– 1	– 6	=0

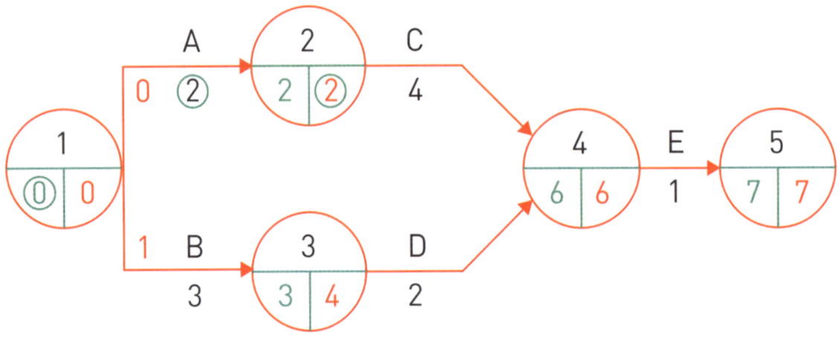

Marge d'une tâche : durée au plus tard – durée de la tâche – date au plus tôt = 2 – 2 – 0 = 0

Absence de marge sur la tâche A, tout retard provoque le retard global du projet

Une marge de manœuvre est possible pour les tâche B et D.

Fiche Repères 1

Les différents types de planning

1 Définition

Le planning est un **document officiel de l'entreprise** présentant la programmation visuelle des tâches. C'est un des outils essentiels du manager, car il permet de vérifier la bonne exécution des tâches confiées et de vérifier si l'allocation des ressources humaines est en adéquation avec la réalité du terrain. En cas d'écart constaté, une mise en œuvre des actions correctrices doit être envisagée.

Il existe 2 types de planning : **les plannings des projets** et **les plannings d'équipe**. Un planning opérationnel doit, globalement, répondre à trois critères :

- **la bonne personne :** disposer des ressources humaines compétentes et qualifiées pour réaliser les missions confiées dans le cadre du poste occupé ;
- **au bon endroit :** garantir que le collaborateur(trice) identifé(e) est planifié(e) là où on a besoin de lui (d'elle) (rayon, unité, service, chaine de production, lieu d'intervention) ;
- **et au bon moment :** assurer le bon nombre de ressources humaines lorsque l'entreprise en a besoin pour éviter les situations de sur ou sous-effectif.

2 Les différents types de planning d'équipe

Type planning	Description
Annuel	Donne une vision d'ensemble des temps (de travail, de congés, etc.) et des activités (les flux de clientèle, l'aspect saisonnier, etc.) sur une année.
Hebdomadaire	Permet d'afficher une semaine complète. Il peut être fixe (toujours le même) ou/et modifiable chaque semaine.
Journalier	Permet de faire le zoom sur une journée. Il propose une vision précise des heures de présence du salarié, de ses pointages, de ses activités et de ses affectations.
Planning événementiel	À chaque fois qu'un événement survient, le manager peut être amené à établir de nouveaux plannings : le planning d'intégration d'un nouveau salarié, le planning de formation d'un (des) membre(s) de l'équipe...

➥ *Exemple*

La direction magasin Castorama a embauché un nouveau collaborateur au poste de vendeur. Afin d'accueillir la nouvelle recrue, le manager opérationnel doit étalir un planning d'intégration. Pour cela, il est doit tenir compte de plusieurs contraintes :

- *l'évaluation du temps nécessaire pour réaliser l'intégration ;*
- *la mise à disposition le jour de l'arrivée de la nouvelle recrue ;*
- *la mise en place des mesures d'accompagnement : les ressources matérielles (la fiche de poste, le règlement intérieur, etc.), les ressources humaines (le tuteur, les personnes clés de l'entreprise) ;*
- *la mise en situation avec un dispositif d'évaluation (le débrief, etc.).*

Proposition 1 d'un planning d'intégration d'un nouveau salarié (construit à l'aide d'un tableur) :

Heure	Contenu	Participants
9 h	• Accueil du nouveau salarié • Remise de la tenue et du règlement intérieur	Nouveau collaborateur, chef de secteur
10 h	• Visite du point de vente (passage par plusieurs postes clés du magasin : l'accueil (renseignements…), la caisse (consignes à suivre), la réception des marchandises (procédures, stocks, etc.). • Présentation à l'ensemble des collaborateurs sur leurs postes de travail	Les memes + l'ensemble des collaborateurs
11 h	• Présentation de la fiche de poste, de l'entreprise (les dates clés, les valeurs, etc.) • Débrief de la matinée	Nouveau collaborateur, chef de secteur
12 h	Pause déjeuner	
13 h	• Présentation du tuteur, des modalités • Remise du livret de stagiaire	Nouveau collaborateur, chef de secteur, tuteur
13 h 30	Formation sur le terrain avec le tuteur + éventuellement formation e-learning (produits, etc.)	Nouveau collaborateur, tuteur
17 h	Débrief avec le chef de secteur	Nouveau collaborateur, chef de secteur, tuteur

Proposition 2 d'un planning d'intégration (construit à l'aide d'agenda informatisé partagé) :

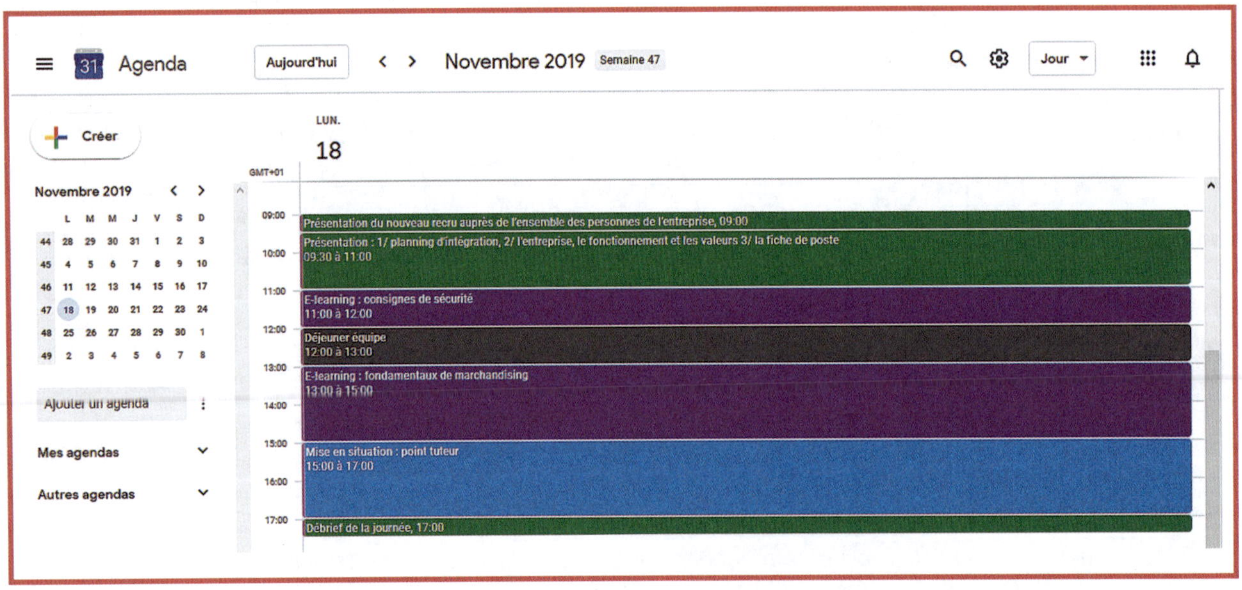

Applications

APPLICATION 1 Construire un TRT

Manager opérationnel en formation au sein du magasin Casino Granville, vous êtes en charge d'analyser la répartition des tâches au sein de l'équipe du rayon bazar. Suite à votre demande, chaque membre de l'équipe a complété une fiche d'auto-analyse des tâches effectuées dans la journée.

1. Analysez la répartition des tâches et indiquez les pistes d'amélioration.
2. Réalisez un tableau de répartition des tâches.

Fiche Méthode 1

DOC 1. Composition de l'équipe commerciale

L'équipe actuelle est composée des personnes suivantes :
- Mohammed, employé libre-service, CDI 35 heures ;
- Claudine, employée libre-service, CDI 35 heures ;
- Zina, vendeuse, CDI 35 heures ;
- Pierre, vendeur, CDI 20 heures.

DOC 2. Fiches d'auto-analyse des tâches réalisées

Mohammed	
Réception des produits	6 h
Facing dans le rayon	10 h
Rangement de la zone de stockage	4 h
Réassortiment	10 h
Mise en valeur de l'offre	5 h
Total	35 h

Claudine	
Réception des produits	6 h
Facing dans le rayon	14 h
Rangement de la zone de stockage	5 h
Réassortiment	3 h
Mise en valeur de l'offre	7 h
Total	35 h

Zina	
Réception des produits	4 h
Facing dans le rayon	6 h
Vente	15 h
Réassortiment	5 h
Mise en valeur de l'offre	5 h
Total	35 h

Pierre	
Réception des produits	2 h
Facing dans le rayon	3 h
Vente	5 h
Réassortiment	5 h
Mise en valeur de l'offre	5 h
Total	20 h

APPLICATION 2 Réaliser un planning d'intégration

En tant qu'adjoint-manager du magasin spécialisé dans la téléphonie, vous devez construire un planning d'intégration d'un nouveau collaborateur : le standardiste de l'accueil.

→ À partir des éléments relevés dans la vidéo, réalisez le planning de la première journée de votre futur collaborateur. Expliquez l'importance de cette journée.

Vidéo 7'31

Applications

APPLICATION 3 Établir un planning hebdomadaire collectif

Vous êtes en stage dans le rayon « Produits de grande consommation (PGC) » au sein d'une grande surface du sud-ouest de la France. Ce rayon est composé de plusieurs segments (boissons sans alcool, avec alcool, épiceries sucrée et salée, etc.) et compte le plus grand nombre de collaborateurs (16). Par conséquent, la part du CA rayon PGC est la plus importante (40 %). Votre manager part en congés ce soir. Il vous demande de réaliser un planning hebdomadaire collectif de l'équipe épicerie salée pour la semaine 38.

→ **À partir des éléments relevés dans le document, établissez un planning hebdomadaire collectif.**

Fiche Méthode 2 | Fiches Repères 1

DOC. Organisation du segment « épicerie salée »

- Le sud-ouest est une zone touristique. Le mois de septembre est caractérisé par les flux clients assez importants, notamment les mercredis, vendredis et surtout les samedis (32 % du chiffre d'affaires hebdomadaire pour le samedi). Il est donc impératif de prévoir 2 employés libre-service le matin, pour ces 3 jours.
- Le magasin est ouvert pour les clients tous les jours de 9 h à 20 h (et jusqu'à 21 h le samedi). La réception des marchandises est quotidienne, et a lieu avant l'ouverture du magasin. Il est donc impératif de prévoir au moins un employé du segment « épicerie salée » chaque matin pour cette tâche. La planification des créneaux de travail pour les collaborateurs se fait donc en 2 temps :
  - le matin de 6 h (du lundi au samedi) et à 7 h le dimanche jusqu'à 13 h ;
  - l'après midi de 13 h à 20 h (sauf le samedi à 21 h).
- L'équipe du segment « épicerie salée » se compose de 4 employés libre service :
  - Wen, en CDI à temps partiel 15 h. Ses jours de repos sont les mardi et jeudi ;
  - Issa, en CDI à temps partiel 21 h. Il ne travaille que les trois jours par semaine – mercredi, vendredi et samedi ;
  - Willy, en CDI à temps partiel 20 h. Il ne travaille que les vendredi, samedi et dimanche ;
  - Clarisse, en CDI à temps complet 35 h. Ses jours de repos sont les lundi et dimanche.

APPLICATION 4 Réaliser le suivi des tâches

Vous venez d'être recruté(e) en tant que responsable du rayon montagne dans un magasin d'articles de sport dans l'est de la France. Dans le cadre de la validation de votre période d'essai, vous devez réaliser l'implantation d'une nouvelle gamme de produits.

→ **Réalisez l'ordonnancement des tâches de l'implantation d'une nouvelle gamme de produits à l'aide du diagramme de GANTT. Déterminez la durée de l'ensemble des tâches.**

Fiche Méthode 3

DOC. Descriptif des tâches

	Tâches	Durée en jour	Tâches réalisées au préalable
A	Validation des modalités de l'implantation	1 jour	
B	Choix des références	2 jours	A
C	Commande des marchandises	2 jours	B
D	Préparation des supports de communication en interne : PLV, ILV	5 jours	A
E	Réception des produits	3 jours	C
F	Mise à disposition de l'équipement nécessaire	2 jours	B
G	Brief de l'équipe – support TRT	0,5 jour	E, D
H	Implantation de la nouvelle gamme	3 jours	E, F, G

APPLICATION 5 Réaliser le suivi des tâches

Vous êtes embauché(e) en tant que directeur d'une agence Société Générale dans le sud de la France. Suite à un départ (congé parental) au sein de votre équipe, vous avez procédé au recrutement externe. Le candidat validé vient d'accepter votre proposition d'embauche. Pour faciliter la prise de fonction du nouveau collaborateur, vous devez lui préparer son agenda hebdomadaire.

1. **Élaborez l'agenda d'une semaine type pour un conseiller clientèle des professionnels, en respectant le fonctionnement de l'agence présenté dans le document 1.**
2. **À partir des éléments relevés dans le document 2, intégrez les contraintes de la semaine N en modifiant si besoin l'organisation de la semaine type.**
3. **Rédigez une note à destination de nouveau collaborateur afin de lui démontrer l'intérêt de l'organisation du temps de travail.**

Fiche Repères 1 Fiche Méthode 2

DOC 1. Fonctionnement de l'agence

L'agence est ouverte du mardi au vendredi de 9 h à 12 h 30 et de 14 h à 17 h 30, sauf le samedi de 9 h à 12 h. Les collaborateurs arrivent à 8 h 30 tous les jours.

- Tous les matins (sauf le samedi) de 8 h 30 à 9 h, un brief journalier est fait par le directeur de l'agence, la finalité étant de fixer les objectifs et les priorités. Toute l'équipe doit être présente lors de ce type de réunion.
- Tous les mercredis de 14 h à 16 h, un conseiller chargé des clients professionnels assure une permanence dans l'agence.

Une permanence des conseillers – un conseiller clientèle doit aider l'assistante après la fermeture de l'agence (clôture, vérification de la caisse, etc.) durant 30 minutes. Tous les conseillers clientèle doivent réaliser :

- un suivi téléphonique des clients (3 heures par semaine). En règle générale, cela se fait en fin de matinée ;
- une étude des dossiers approfondie (3 heures par semaine). Il est judicieux de prévoir au moins une plage horaire :
  - en début de semaine pour préparer les RDV,
  - en fin de semaine pour établir une synthèse des dossiers étudiés.

DOC 2. Contraintes pour la semaine N

- Rendez-vous :
  - un RDV avec M. Adam (ouverture de compte) – prévoir 2 h. Il ne faut pas le laisser partir à la concurrence ;
  - un RDV avec Mme Lelandais (simulation de prêt) – prévoir 30 mn. Il faut prévoir un autre RDV de 2 h dans la semaine ;
  - un RDV avec M. Thomas – prévoir 1 h 30. M. Thomas n'est pas disponible le mercredi ;
  - deux RDV avec M. James et M. Talmar – prévoir 1 h 30 au total, de préférence samedi matin.
- Mardi : audit interne du groupe. Tous les conseillers clientèle doivent être disposnibles de 9 h à 11 h.
- Jeudi matin (10 h-12 h) : salon professionnel sur les métiers bancaires. Un conseiller clientèle des professionnels doit s'y rendre pour une intervention d'une durée de 2 h.

APPLICATION 6 Planifier le projet

Vous venez d'intégrer l'équipe de Brico Dépôt, en tant que responsable du rayon Décoration. À l'approche de l'été, votre directeur vous demande de l'aider dans la mise en place d'une opération commerciale (la mise en avant des nouvelles gammes de produits du rayon de décoration) ayant pour objectif de développer le CA du magasin.

1 **À partir des éléments relevés dans le document, présentez un schéma d'ordonnancement des tâches liées à cette opération, en indiquant le nombre de jours nécessaires pour réaliser la demande du directeur.**

2 **Indiquez les tâches de la préparation pour lesquelles un retard est à éviter.**

Fiche Méthode 3

DOC Données concernant la planification de l'opération

N° de tâche	Tâches à réaliser	Durée en jours	Tâches antérieures
A	Réunion de départ : organisation, choix des produits	1	–
B	Sélectionner les produits pour l'opération	2	A
C	Valider les supports de la communication interne (ILV/PLV) sur les produits choisis	5	B
D	Définir la campagne de communication locale (messages, moyen(s), zone(s) de chalandise ciblées)	2	A
E	Mettre en place le tableau de bord permettant d'évaluer l'impact de la communication	1	E
F	Valider auprès de la direction le dispositif de campagne de communication locale	1	F
G	Valider le budget	1	C, G
H	Brief de l'équipe commerciale	3	H
I	Préparer la zone commerciale dédiée à l'opération : l'équipement, le matériel, etc.	1	H
J	Réceptionner les produits référencés	8	J
K	Mettre en place les supports de communication : ILV, PLV	8	D, J
L	Appliquer les prix pratiques sur les références en promotion	1	K, L
M	Lancement de l'opération commerciale	0	I, M

Thème 2

3 Évaluer les besoins en compétences et en personnel

COMPÉTENCE
→ Évaluer les besoins en compétences et en personnel

LE CAS Intermarché

FICHE MÉTHODE 1 Comment établir le diagnostic des besoins quantitatifs et qualitatifs ?

FICHE MÉTHODE 2 Comment déterminer un profil de poste ?

FICHE REPÈRES 1 L'équipe commerciale

FICHE REPÈRES 2 Le profil de candidat

APPLICATIONS

LE CAS INTERMARCHÉ

- **Activité**
Intermarché est une enseigne du groupe Les Mousquetaires. C'est l'enseigne de grande distribution de proximité par excellence qui se décline en quatre formats : hyper, super, contact et express.
- **Stratégie**
  – « Tous unis contre la vie chère »
  – Être producteurs et commerçants

- **Chiffres clés**
  – 2 393 points de vente en Europe dont 1 838 en France
  – 13 023 000 € de CA en 2018
  – 403 600 € de bénéfices en 2018
- **Unité Commerciale**
Intermarché super
- **Localisation**
Avenue des bains, 11430 Gruissan
- **Horaires d'ouverture**
  – Hors période estivale :
  – Du lundi au samedi de 9 h à 19 h 30
  – Le dimanche de 9 h à 12 h 30
  – Du 9 juillet au 19 août :
  – Du lundi au dimanche de 8 h 30 à 20 h
- **Nombre de salariés**
32 salariés permanents
- **Surface de vente**
2 856 m²

Vidéo 2'02

3 LE CAS INTERMARCHÉ

Intermarché

Intermarché Gruissan est situé dans l'Aude sur la commune du même nom. Chaque année, le magasin doit faire face à un afflux de clientèle des vacances de printemps à celles d'automne. L'UC est située à proximité des campings, face à la piscine balnéo-ludique et à l'étang de la Mateille où se situe l'école de voile de la station balnéaire. La population du village passe donc de 4 600 habitants permanents à 90 000 au plus fort de l'été. Gruissan se situe à proximité du massif de la Clape, réputé pour ses vignobles.

Le rayon liquides voit ses ventes augmenter de près de 60 % durant les vacances d'été. Il faut faire face à une activité intense en termes de manutention, de rangement mais aussi de conseils. En effet, outre l'eau et les boissons sucrées, les touristes viennent aussi chercher les crus de la région.

→ **Vous êtes manager du rayon liquides du magasin et vous devez gérer le pic de fréquentation de la période estivale.**

MISSION 1 Évaluer les besoins pour la saison estivale

Annexes 1 à 3

Pour répondre aux attentes des clients et éviter une déperdition vers les vignerons de la région, vous tenez à proposer des dégustations, des conseils et avoir régulièrement un « spécialiste » en rayon.
Il vous faut pour cela évaluer combien de personnes manquent à votre effectif pour atteindre cet objectif.

1. À partir du nombre d'heures de travail disponible et des besoins estimés pour la saison du lundi 4 juin au dimanche 16 septembre 2018, déterminez le nombre d'heures nécessaire pour remplir toutes les missions attendues.
2. Après avoir déterminé les besoins quantitatifs de votre rayon, listez les besoins qualitatifs en termes de compétences. Commentez votre résultat et proposez des solutions.

Fiche Méthode 1

MISSION 2 Préparer les profils de poste

Annexes 4 et 5

Vous devez vous lancer dans un recrutement actif afin de compléter votre équipe. Pour cela, vous avez deux types de poste à proposer : employé libre service (ELS) pour assurer la gestion courante du rayon et vendeur-animateur pour assurer l'accueil, le conseil et les événements de dégustation.

3. À partir des documents, déterminez les savoirs, savoir faire et savoir être des futures recrues.
4. Construisez le profil de poste « vendeur spécialisé au rayon liquides ».
5. Déduisez en le profil de candidat sous forme de grille exploitable à l'entretien de recrutement.

Fiche Repères 1
Fiche Repères 2
Fiche Méthode 2

AUTO-ÉVALUE-TOI !

	🙂	😐	🙁
Je sais combien de personnes il faut que je recrute.			x
Le profil des futurs recrues est connu.			
Les compétences souhaitées pour les nouveaux arrivants sont listées.			
La grille pour évaluer le profil de candidat est construite.			

ANNEXE 1 Planning des congés annuels de salariés

Nom	Contrat / Poste	Congés validés	Profil / Souhaits
Charlotte Bénin 	CDI 35 heures Employée libre service	Du 7 juillet au 28 juillet (3 semaines)	Depuis 5 ans dans le rayon. Aime le contact client. Peut travailler le dimanche.
Henry Lemaire 	CDI 35 heures Vendeur	Du 14 juillet au 4 août (3 semaines)	Ne veut pas d'heures supplémentaires ! Parle allemand couramment.
Gaëtan Miellic 	CDI 28 heures Vendeur spécialisé	Du 1er septembre au 22 septembre (3 semaines)	Partant pour faire un maximum d'heures. Expérience en cave à vins. Anglais quasi courant.
Geneviève Gule 	CDI 24 heures Employée libre service	Du 11 août au 25 août (2 semaines)	Peut travailler jusqu'à 35 heures/semaine.
Delphine Fribo 	CDD 28 heures du 16 avril au 29 juillet Employée libre service	Aucun	Ne peut reprendre un CDD qu'à partir du 20 août.
Pierre Jules 	CDD étudiant 16 heures jusqu'au 31 août Animateur	Aucun	Peut faire toutes les heures possibles. En BTS œnologie.
Enzo Dron 	Stagiaire BTS MCO 35 heures jusqu'au 8 juillet	Aucun	Ne peut pas travailler les dimanches.

ANNEXE 2 Calendrier des périodes d'influence

Janvier	Février	Mars	Avril	Mai	Juin	Juillet	Août	Septembre	Octobre	Novembre	Décembre
1 L	1 J	1 J	1 D	1 M	1 V	1 D	1 M	1 S	1 L	1 J	1 S
2 M	2 V	2 V	2 L	2 M	2 S	2 L	2 J	2 D	2 M	2 V	2 D
3 M	3 S	3 S	3 M	3 J	3 D	3 M	3 V	3 L	3 M	3 S	3 L
4 J	4 D	4 D	4 M	4 V	4 L	4 M	4 S	4 M	4 J	4 D	4 M
5 V	5 L	5 L	5 J	5 S	5 M	5 J	5 D	5 M	5 V	5 L	5 M
6 S	6 M	6 M	6 V	6 D	6 M	6 M	6 L	6 J	6 S	6 M	6 J
7 D	7 M	7 M	7 S	7 L	7 J	7 S	7 M	7 V	7 D	7 M	7 V
8 L	8 J	8 J	8 D	8 M	8 V	8 D	8 M	8 S	8 L	8 J	8 S
9 M	9 V	9 V	9 L	9 M	9 S	9 L	9 J	9 D	9 M	9 V	9 D
10 M	10 S	10 S	10 M	10 J	10 D	10 M	10 V	10 L	10 M	10 S	10 L
11 J	11 D	11 D	11 M	11 V	11 L	11 M	11 S	11 M	11 J	11 D	11 M
12 V	12 L	12 L	12 J	12 S	12 M	12 J	12 D	12 M	12 V	12 L	12 M
13 S	13 M	13 M	13 V	13 D	13 M	13 M	13 L	13 J	13 S	13 M	13 J
14 D	14 M	14 M	14 S	14 L	14 J	14 S	14 M	14 V	14 D	14 M	14 V
15 L	15 J	15 J	15 D	15 M	15 V	15 D	15 M	15 S	15 L	15 J	15 S
16 M	16 V	16 V	16 L	16 M	16 S	16 L	16 J	16 D	16 M	16 V	16 D
17 M	17 S	17 S	17 M	17 J	17 D	17 M	17 V	17 L	17 M	17 S	17 L
18 J	18 D	18 D	18 M	18 V	18 L	18 M	18 S	18 M	18 J	18 D	18 M
19 V	19 L	19 L	19 J	19 S	19 M	19 J	19 D	19 M	19 V	19 L	19 M
20 S	20 M	20 M	20 V	20 D	20 M	20 V	20 L	20 J	20 S	20 M	20 J
21 D	21 M	21 M	21 S	21 L	21 J	21 S	21 M	21 V	21 D	21 M	21 V
22 L	22 J	22 J	22 D	22 M	22 V	22 D	22 M	22 S	22 L	22 J	22 S
23 M	23 V	23 V	23 L	23 M	23 S	23 L	23 J	23 D	23 M	23 V	23 D
24 M	24 S	24 S	24 M	24 J	24 D	24 M	24 V	24 L	24 M	24 S	24 L
25 J	25 D	25 D	25 M	25 V	25 L	25 M	25 S	25 M	25 J	25 D	25 M
26 V	26 L	26 L	26 J	26 S	26 M	26 J	26 D	26 M	26 V	26 L	26 M
27 S	27 M	27 M	27 V	27 D	27 M	27 M	27 L	27 J	27 S	27 M	27 J
28 D	28 M	28 M	28 S	28 L	28 J	28 S	28 M	28 V	28 D	28 M	28 V
29 L		29 J	29 D	29 M	29 V	29 D	29 M	29 S	29 L	29 J	29 S
30 M		30 V	30 L	30 M	30 S	30 L	30 J	30 D	30 M	30 V	30 D
31 M		31 S		31 J		31 M	31 V		31 M		31 L

Période de faible affluence (120 heures de travail)

Période d'affluence moyenne (140 heures de travail)

Période de forte affluence (180 heures de travail)

Période de très forte affluence (240 heures de travail)

ANNEXE 3 Besoin d'heures de présence hebdomadaire

	Manutention	Marchandisage	Conseil à la clientèle
Période blanche	80	40	0
Période rose	90	40	10
Période rouge	100	40	40
Période violette	110	60	70

ANNEXE 4 Annonce de recrutement

VENDEUR – ANIMATEUR RAYON LIQUIDES

Intermarché - Gruissan (11)

CDD – 35 heures

- **Missions et responsabilités**

En collaboration avec votre responsable, vous participez à la préparation des produits, à leur implantation sur le rayon et à leur présentation (mise en valeur). Vous assurez aussi la promotion des produits locaux (PLV, ILV, animations...).

Vous utilisez les techniques de vente de l'accueil jusqu'à la conclusion de la vente.

Vous veillez à un excellent niveau de satisfaction client en l'orientant vers le produit le plus adapté à ses besoins ou ses demandes spécifiques.

Vous suivez et vérifiez les stocks de la livraison à la mise en rayon.

- **Secteur d'activité**

Vous serez amené à travailler dans un point de vente de 2 800 m², dans une équipe de 120 collaborateurs.

L'équipe du rayon liquides se compose actuellement de quatre personnes et cherche à se renforcer pour la période estivale.

Une équipe de professionnels et qui va de l'avant. Un magasin en constante évolution.

Travail sur six jours (ainsi que le dimanche matin par roulement).

- **Expérience, formation et compétences souhaitées**

Vous serez intégré dans une équipe de professionnels passionnés.

Une expérience d'un an est souhaitée en tant que vendeur (idéalement au rayon liquides).

En cas contraire, l'envie de bien faire et de s'impliquer dans le rayon sera une des valeurs primordiale, dans ces cas-là une formation à la vente vous sera proposé à votre embauche.

Dynamique, vous avez le sens du commerce et vous disposez d'excellentes qualités relationnelles.

Vous aimez partager votre goût pour vos produits, pour cela vous avez des solides connaissances sur les produits viticoles.

Motivé et ponctuel, votre intégration est primordiale et nécessitera une bonne communication.

Nos valeurs devront être les vôtres, à savoir le travail bien fait, faire partie d'une équipe soudée et solidaire afin de faire évoluer le rayon, dans un métier de commerce tourné vers le service au client.

Poste à pourvoir le 1er juin.

ANNEXE 5 Extrait de la fiche métier animateur de ventes (fiche ROME D1501)

Définition

Effectue la promotion et la vente de vêtements, de petit électroménager, de produits alimentaires, ... lors de campagnes d'animation selon les objectifs commerciaux (salon, semaine promotionnelle, lancement de produit...) d'une marque, d'un client.

Accès à l'emploi métier

Cet emploi/métier est accessible sans diplôme ni experience professionnelle.
Un diplôme de niveau CAP/BEP à Bac+2 (BTS, DUT...) dans un secteur spécifique (esthétique, oenologie...) peut être requis selon le type
de produit vendu et sa technicité.
Les recrutements peuvent être ouverts sur contrats de travail à durée déterminiée.
Le permis B peut être requis.

Conditions d'exercice de l'acitivité

L'activité de cet emploi/métier s'exerce au sein de grandes et moyennes surfaces, de grandes spécialisées, de grandes surfaces de bricolage, sur des salons, des foires
exposition en contact avec les clients et en relation avec différents intervenants (chef de rayon, représentant de la marque...)
Elle peut impliquer des déplacements.
Elle peut s'exercer les fins de semaines, jours fériés et être soumise à des variations saisonnières (fêtes de fin d'année, foire aux vins...)
L'activité implique la station debout prolongée.

Compétence de base

Savoir-faire	Savoirs
☐ Installer un stand et des produits de démonstration	☐ Utilisation de micro
☐ Contrôler des produits de démonstration	☐ Argumentation commerciale
☐ Présenter un produit à des clients potentiels	☐ Règles d'hygiène et propreté
☐ Proposer une dégustation à des clients	☐ Techniques d'animation micro
☐ Distribuer des bons de réduction, échantillons et cadeaux	☐ Typologie du client
☐ Réaliser le compte rendu d'une animation commerciale	☐ Techniques de vente

Mon bloc-note

Fiche Méthode 1

Comment établir le diagnostic des besoins quantitatifs et qualitatifs ?

ENJEUX

- Différencier les besoins quantitatifs des besoins qualitatifs
- Diagnostiquer ces besoins

Afin de déterminer les besoin en personnel, il faut suivre une démarche en 4 temps.

1 Analyser les facteurs d'évolution

- Il est nécessaire de **faire un diagnostic** pour analyser les futures évolutions du marché, du point de vente et/ou de l'équipe.

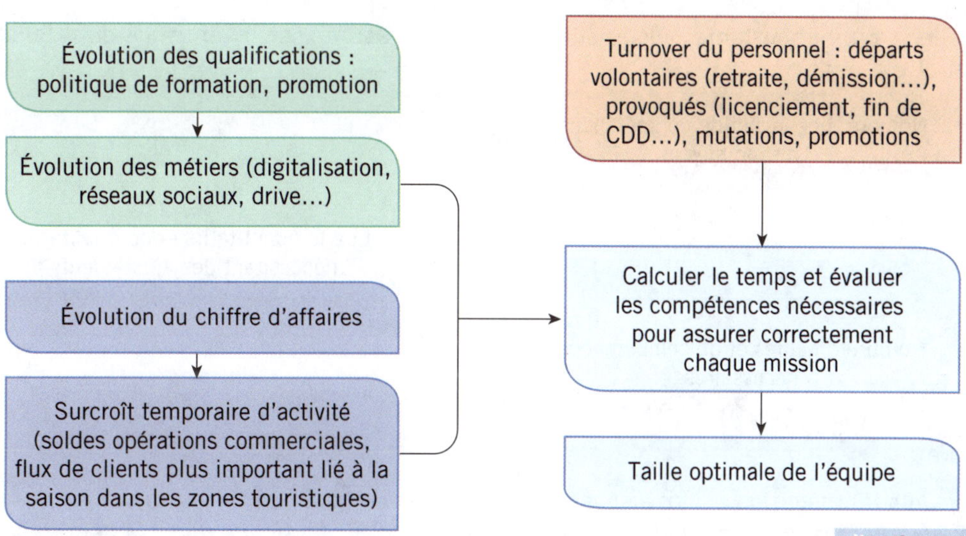

Voir chapitre 1

➥ *Exemple*

Le rayon jouets de Leclerc Montluçon connaît un fort pic d'activité du 15 octobre au 15 janvier. Pour assurer correctement la gestion courante du rayon (approvisionnement, marchandisage, renseignements…), il faut en moyenne 180 heures de travail par semaine.

- Certains indicateurs sont utiles pour établir un diagnostic. Atteindre un certain seuil peut être un **indicateur d'alerte**.
  - **Taux de rotation ou taux de turnover :** (Nombre de départs et d'arrivée / 2) / nombre de salariés × 100

    ➥ *Exemple*

    Dans une entreprise de 300 salariés, 35 ont quitté l'entreprise et 25 ont été embauchés, le taux de turnover est de [(35 + 25)/2] / 300 × 100 = 10 %. 10 % de l'effectif a été renouvelé durant l'année.
  - **Taux d'absentéisme :** Nombre total d'heures d'absences / Nombre d'heures de travail × 100
  - **Taux de promotion** (il permet de mesurer la mobilité) : Nombre de salariés qui ont été promus / Nombre de salariés total × 100

2 Identifier les moyens disponibles

Une fois l'analyse effectuée, il faut **lister les ressources disponibles**.

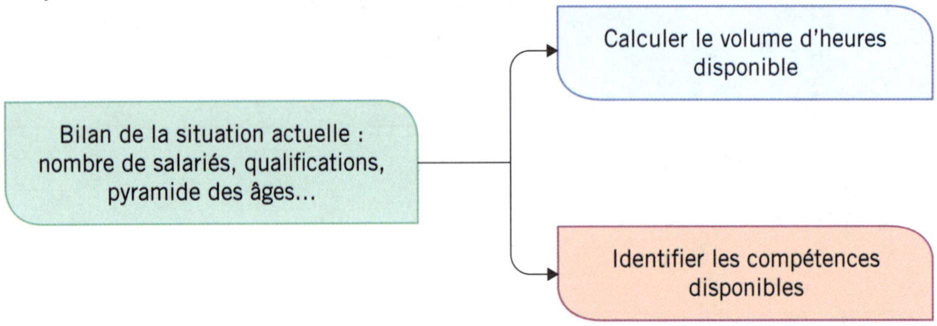

➥ *Exemple*

Ce rayon emploie 4 ELS (2 contrats à temps plein et 2 contrats étudiants à 18 heures). Le spécialiste des jouets de société est parti à la retraite.

Le volume d'heures disponible est donc de : (35 × 2) + (18 × 2) = 106 heures.

3 Définir les ajustements nécessaires

C'est l'étape la plus importante puisqu'elle permet de mesurer l'écart entre ce dont l'unité dispose et ce dont elle a besoin.

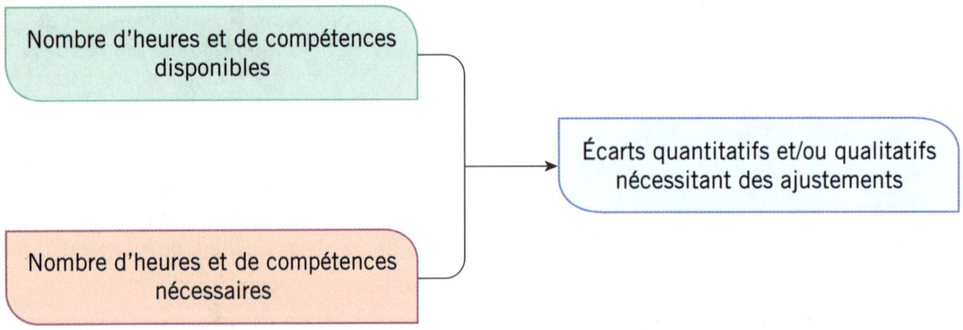

➥ *Exemple*

Le rayon jouets du magasin Leclerc dispose de 106 heures de travail avec ses salariés actuels. Pour répondre aux attentes du client, il lui faut 130 heures de travail. Il manque donc 74 heures de travail et un « passionné » de jeux de société pour remplacer le départ à la retraite.

4 Procéder aux ajustements

En cas d'écart, il est impensable de ne rien faire. Il faut ajuster les ressources aux besoins.

- **Recours aux heures supplémentaires.**
- **Recours aux heures complémentaires** (augmenter les temps de travail des contrats à temps partiel).
- **Recours à des stagiaires.**
- **Recrutement.**
- **Formation.**
- **Promotion.**

Attention, il faut bien entendu respecter le droit du travail et les contraintes budgétaires de l'unité commerciale.

➥ *Exemple*

Le magasin Leclerc va recruter deux CDD à temps complet pour faire face à ce surcroît d'activité et former un salarié volontaire aux jeux de société.

Fiche Méthode 2

Comment déterminer un profil de poste ?

ENJEUX

- Différencier les missions des activités
- Distinguer les savoirs, savoirs être et savoir-faire nécessaire à un poste

Pour chaque poste, il faut d'abord écrire une **fiche de poste** dont la finalité est de définir l'emploi qu'occupera la personne embauchée, elle récapitule donc les différentes missions et activités confiées au salarié. Pour la construire, il faut se référer :

- à la **convention collective** (où se trouvent les classifications et les nomenclatures d'emploi) ;
- au **référentiel métiers** de la branche ;
- aux **fiches métiers** du répertoire opérationnel des métiers et de l'emploi (fiches ROME sur www.pole-emploi.fr).

Exemple

FICHE DE POSTE
VENDEUR CONSEILLER NESPRESSO

MISSIONS — *Pourquoi ce poste ?*
- Accueillir, conseiller et fidéliser nos Membres du Club en leur apportant un service exceptionnel et personnalisé
- Réaliser les objectifs quantitatifs et qualitatifs définis par mon équipe managériale ;

FORMATIONS ET EXPÉRIENCES
- BAC à BAC +2 (de type BTS MUC, MCO ou NRC, NDRC)
- Idéalement, une première expérience dans les métiers de la vente conseil et / ou de services
- Le plus : déjà travaillé dans des environnements luxe/haut de gamme

APTITUDES ET COMPÉTENCES — *Sont issues de l'observation du poste. Ce sont les qualités essentielles pour être capable d'exercer.*
- Je suis un commerçant dans l'âme.
- J'ai la culture du résultat.
- Je sais écouter et nouer des relations personnalisées avec les clients.
- J'aime faire plaisir et rendre service.
- J'ai l'esprit du collectif.
- Je suis attaché(e) à ma présentation.

On peut aussi ajouter :

- **le rattachement hiérarchique** et le statut du poste ;
- **la fourchette de rémunération** (en corrélation avec la négociation collective).

Dans le profil de poste, on traduit ce que l'on attend en termes de :

- **savoirs** = connaissances = niveau d'étude, diplôme ;
- **savoir-faire** = expérience professionnelle (nature, durée, variété...)
- **savoir être** = comportement = personnalité.

Grâce à la fiche de profil de poste, le recruteur pourra déterminer le profil idéal du candidat. Elle pourra aussi servir lors de l'évaluation des salariés et dans le cadre de la GPEC (gestion prévisionnelle des emplois et des compétences).

Voir chapitre 4

Fiche Repères 1

L'équipe commerciale

1 Définition

- Dans les unités commerciales, on parle d'**équipe commerciale** pour désigner l'ensemble du personnel chargé :
  - de **vendre et fidéliser la clientèle** : en relation directe avec la clientèle, l'équipe représente l'unité commerciale et permet la commercialisation de l'offre et la fidélisation de la clientèle, notamment par l'instauration d'un climat de confiance et la personnalisation de la relation ;
  - de **mettre en place un espace attractif** et commercial afin de créer un climat propice à l'achat par des actions sur l'agencement de la surface de vente et/ou la mise en valeur de l'offre ;
  - d'**assurer la qualité de suivi** dans le cadre d'une approche qualité dans l'unité commerciale.
- L'équipe commerciale est donc un ensemble de personnes avec des objectifs communs, des compétences complémentaires et interdépendantes qui agissent ensemble pour obtenir les résultats attendus de façon durable.

2 Rôle de l'équipe commerciale

- Dans l'équipe commerciale, on distingue les personnes de **front office** (personnel directement au contact des clients) et les personnes de **back office** (personnel support).
  - Le personnel support peut intervenir dans la mise en stock des produits, les commandes, la mercatique et la promotion du point de vente, la logistique…
  - L'équipe de front office, quant à elle, s'occupe de la vente à proprement parler ainsi que des services après-vente, de la fidélisation…

3 Les différents postes et leurs fonctions

<table>
<tr><th>Poste</th><th>Fonction</th></tr>
<tr><td>Directeur(rice) de magasin</td><td>• Diriger la surface de vente en respectant la politique commerciale du réseau le cas échéant
• Coordonner et optimiser le travail des équipes et les moyens financiers
• Atteindre les objectifs fixés</td></tr>
<tr><th colspan="2">En grande distribution</th></tr>
<tr><td>Manager d'univers</td><td rowspan="3">• Animer et gérer son espace de vente
• Assurer le développement commercial (prix, assortiment, actions commerciales…)
• Assurer la gestion de son compte d'exploitation
• Favoriser la qualité de service à la clientèle
• Animer et contrôler l'équipe (recrutement, formation, entretiens…)</td></tr>
<tr><td>Chef de secteur</td></tr>
<tr><td>Chef de rayon</td></tr>
<tr><td>Vendeur(se)</td><td>• Conseiller la clientèle
• Assurer les opérations de gestion courante (démonstration, mise à disposition et en valeur des produits, encaissement…)</td></tr>
<tr><td>Gestionnaire</td><td>• Assurer l'étiquetage et le balisage des produits destinés à la vente
• Assurer la manutention, la mise en rayon des produits
• Participer à l'information clientèle (installation PLV/ILV)</td></tr>
<tr><td>Employé(e) libre service</td><td>• Mettre en rayon les produits
• Effectuer les tâches de manutention (rangement, marchandisage, rotation des produits, étiquetage, balisage…)</td></tr>
</table>

Poste	Fonction
Hôte(sse) de caisse	• Effectuer la saisie des prix • Procéder à l'encaissement • Accueillir et informer le client
En point de livraison de service	
Chef des ventes	• Définir les objectifs de vente quantitatifs et qualitatifs pour l'équipe • Animer, coordonner et gèrer l'activité de son équipe • Contrôler la réalisation des objectifs
Chargé(e) de clientèle	• Constituer et développer un portefeuille de clients
Assistant(e) commercial(e)	• Gérer l'administration des ventes (prise de commande, suivi des livraisons…) • Assurer un support commercial permanent des clients et des prospects • Accueillir les clients à distance (téléphone, mail…) • Être un support aux vendeurs (préparer les entretiens, la documentation…)
Chargé(e) d'accueil	• Accueillir les clients • Assurer les ventes de services courants • Prendre des rendez-vous pour les chargés de clientèle

Fiches métiers à découvrir sur www.onisep.fr

Site web

4 L'organisation des équipes

Dans les unités commerciales, les équipes peuvent être organisées par **produits**, par **clients** ou par **zone géographique**.

	Définition	Avantages	Inconvénient
Structure par produits	Les équipes sont spécialisées sur une gamme de produits	• Meilleure connaissance des produits • Meilleurs conseils clients	• Beaucoup d'interlocuteurs pour le client • Dépendance de la performance du commercial à un seul produit
Structures par zones	Une zone géographique est attribuée à une équipe ou à un vendeur sur laquelle il a l'exclusivité pour développer son activité	• Approche client plus travaillée (clients visités plus régulièrement) • Optimisation du plan de prospection	Compétences requises sur tous les produits et sur tous les clients
Structure par clients	Les équipes sont spécialisées par clientèle (courant dans les métiers de service : assurances, banques)	• Meilleures connaissances des clients et du processus de vente • Meilleure adaptation de l'offre à leurs besoins	• Difficulté de recrutement • Responsabilités importantes pour le commercial grands comptes

Fiche Repères 2

Le profil de candidat

- Chaque poste est unique. Tout comme les candidats qui vont y postuler ! L'étape de définition du profil de candidat est donc primordiale pour recruter son salarié sereinement. Plus précis vous serez dans la définition du profil, plus facile sera la décision d'embaucher un candidat par la suite.
- La définition du poste a dû vous amener à lister d'une part les **missions à remplir** et d'autre part les **tâches à effectuer**. Les tâches sont les actions quotidiennes, gages de l'atteinte des objectifs fixés dans le cadre de la mission du poste. Il faut partir de cette liste pour les transformer en compétences requises pour ce poste (gérer un budget, négocier...), les connaissances techniques (norme d'isolation...), le savoir être (relationnel, travail en équipe, rigueur...) et enfin l'environnement dans lequel cela a été acquis (secteur d'activité).
- À partir de cette liste de compétences, il faut se demander **quel a été le parcours de votre candidat idéal :** quelle(s) formation(s), qualification(s), quelle(s) expérience(s) professionnelle(s)...
- Cela constitue la carte d'identité du candidat. Cette étape est importante pour identifier le candidat qui se rapproche le plus de notre idéal.

➥ *Exemple de profils de candidats (poste de vendeur au rayon sports de raquettes)*

Date de l'entretien : **Nom de l'intervieweur :**				
	--	-	+	++
Formation **Diplôme**				
Expérience de la vente en général Expérience dans le même secteur d'activité Expérience en tant que vendeur d'articles de sport de raquettes				
Compétences – Accueillir et prendre en charge la clientèle – Identifier les besoins – Conseiller, argumenter et vendre – Proposer des produits adaptés aux profils des clients – Utiliser en toute sécurité les outils (normes d'hygiène et de sécurité) – Régler, réparer et entretenir le matériel – Entretenir et maintenir en état marchand l'espace de vente – Respecter les délais et organiser son travail (qualité de service)				
Attitudes et comportement – Qualités de l'expression orale – Maîtrise du vocabulaire technique – Qualité d'écoute – Empathie – Dynamisme – Esprit d'équipe				
Maîtrise de l'anglais Pratique d'un sport de raquettes				
Remarques :				

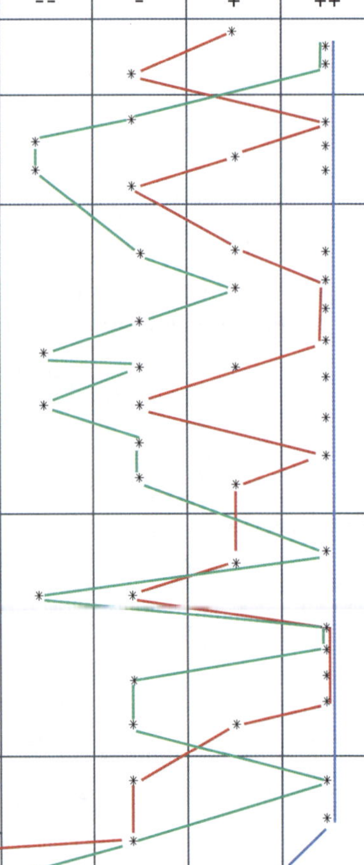

Ce candidat manque de technique dans le métier, son profil pourrait néanmoins être retenu car il a les prérequis. La formation pourrait venir combler ses lacunes.

Ce candidat n'a pas d'expérience et est loin du profil attendu. Certains points sont difficiles à acquérir en peu de temps, il ne sera pas retenu.

Ce candidat n'existe peut-être pas mais on essaye de s'en rapprocher !

Applications

APPLICATION 1 Évaluer les besoins quantitatifs

Vous travaillez chez Acticall, un centre d'appel à Cournon d'Auvergne (63). Créée en 2010, cette entreprise est spécialisée dans le placement de services aux entreprises et emploie 461 téléconseillers. Vous avez décroché un nouveau contrat avec une entreprise qui souhaite externaliser toute sa relation client multicanal : appels, courriels, chat, websocial, chatbots...

1 **Après expertise de la charge de travail supplémentaire, vérifiez que la taille de l'équipe actuelle est suffisante pour répondre aux attentes de ce nouveau client.**

2 **Envisagez les solutions possibles pour que vous puissiez accomplir dans de bonnes conditions les missions commandées et justifiez vos choix.**

Fiche Repères 1
Fiche Méthode 1

DOC 1. Taille de l'équipe actuelle

- 5 managers encadrent un groupe de 30 téléconseillers.
- 365 téléconseillers sont en CDI 35 heures.
- 62 téléconseillers sont à temps partiel 28 heures (44 subissent ce temps partiel, ils auraient préféré un temps plein).
- 18 téléconseillers sont en contrat de travail temporaire sur la base de 35 heures.
- 5 téléconseillers sont en contrat en alternance (20 heures en entreprise / 15 heures en centre de formation).
- Le centre d'appel est ouvert 5 jours par semaine.

DOC 2. Temps nécessaire aux diverses activités

	Temps moyen passé par collaborateur	Nombre de contacts actuels hebdomadaires	Nombre de contacts hebdomadaires envisagés pour votre nouveau client
Appel	12 minutes	39 210	800
Courriel	5 minutes	67 422	1 300
Réseaux sociaux	8 minutes	37 849	1 000
Administratif	35 minutes / jour		

APPLICATION 2 Évaluer les besoins qualitatifs

Indépendant, vous avez créé votre unité commerciale Vintage and co, spécialisée dans l'achat et la revente de produits vintages. Jusqu'à aujourd'hui, vos 44 salariés, tous passionnés, travaillent en boutique et essentiellement avec le bouche-à-oreille. En effet, vous faites peu de communication et vos clients sont fidèles. Mais le monde bouge vite et vous percevez les premières difficultés. Il est temps de prendre le tournant de la vente à distance (Ebay, Price Minister) et de la digitalisation (applications smartphones, tablettes, réseaux sociaux...). Vous avez d'ailleurs trouvé un article sur le sujet.
Vous souhaitez donc faire évoluer votre point de vente vers ces nouvelles méthodes de vente. Le recrutement d'un nouveau collaborateur dédié en est le point de départ.

Applications

1 À partir de vos connaissances et de recherches, indiquez les métiers qui pourraient convenir à votre futur recrutement.

2 Listez les compétences nécessaires à ce nouveau poste.

Fiche Repères 1
Fiche Repères 2

DOC. Pourquoi la digitalisation du point de vente devient-elle une évidence ?

Le point de vente jouit encore d'une grande notoriété

Si certains avaient prédit la disparition des points de vente physiques à la suite de l'essor du commerce en ligne, la situation actuelle prouve le contraire. En effet, 72 % des Français déclarent préférer effectuer leurs achats en boutique plutôt que sur Internet. [...]

Cependant, si les consommateurs restent aujourd'hui encore très attachés au point de physique, leur comportement a changé. Le consommateur d'aujourd'hui est plus connecté (84 % des Français achètent en ligne), plus informé (64 % des Français effectuent des recherches sur internet avant d'aller dans un point de vente), plus mobile (le consommateur utilise fréquemment son smartphone au sein même du point de vente pour avoir des informations complémentaires) et cela déteint sur son parcours d'achat qui n'est plus mono canal [...]

Moderniser le point de vente

Pour inciter les consommateurs à se déplacer, il faut moderniser le point de vente en le digitalisant. [...] La digitalisation du point de vente peut se faire via l'introduction de différentes technologies (les beacons, le NFC, la réalité augmentée, la géolocalisation, le Wifi...) et/ou différents outils (les applications mobiles, les applications dédiées aux vendeurs, le paiement mobile, les objets connectés, les bornes digitales...). Ces différents éléments peuvent être intégrés pour offrir ainsi une meilleure expérience client.

La digitalisation du point de vente peut se concrétiser par le fait d'équiper des vendeurs au sein des points de ventes physiques de tablettes pour qu'ils puissent mieux conseiller les consommateurs (exemple FNAC), installer des bornes tactiles pour permettre aux clients d'avoir accès aux informations qui se trouvent sur le site e-commerce de l'enseigne (Promod) ou par la mise en place de caisses RFID, offrant aux caissiers et clients un réel gain de temps. Le caissier passe le produit près du tapis ou sur le bac RFID, l'étiquette sera détectée par le système et automatiquement ajoutée sur le ticket de caisse. Le caissier ne perd donc plus de temps à retrouver l'étiquette sur chacun des produits pour le scanner (Décathlon).

Cependant, les enseignes doivent absolument intégrer que la digitalisation de leur point de vente n'est pas une fin en soi. [...]. La digitalisation n'est qu'une étape vers l'intégration du tout « phygital », qui tend à devenir la norme.

www.mc2i.fr, 26 avril 2017.

APPLICATION 3 Diagnostiquer les besoins

Votre enseigne de prêt-à-porter féminin, 450 m² située en centre-ville, ouvre un deuxième magasin de 1 200 m² dans l'agglomération, dans un centre commercial. Des postes sont à pourvoir en interne d'abord puis en externe. Vous faites un état des lieux.

→ Diagnostiquez les besoins quantitatifs et qualitatifs pour chacun des points de vente.

Fiche Repères 1
Fiche Méthode 1
Fiche Méthode 2

DOC 1. **Données moyennes pour un magasin**

	En centre-ville	En centre commercial
CA / m²	2145 €/m²	1850 €/m²
CA / salarié	180 000,00 €	165 000,00 €
Postes	1 responsable de magasin 1 responsable adjoint(e) 1 vendeur(se) spécialiste visuel (chargé du marchandisage) pour 600 m² Des vendeurs(ses)	

DOC 2. **Bilan avec les salariés du centre-ville**

- Audrey, la responsable du magasin a de l'ambition et aimerait intégrer un magasin plus grand. C'est donc une opportunité pour elle. Cela fait 6 ans qu'elle est dans l'enseigne et a réussi déjà une première promotion interne en passant d'adjointe (à son embauche) à responsable de ce magasin il y a 3 ans. Elle atteint ses objectifs et a l'aval de son régional.
- Virginie a 43 ans. Depuis 4 ans, elle est adjointe dans ce magasin et remplace régulièrement Audrey lorsque celle-ci est en formation, absente ou en renfort/remplacement dans d'autres magasins. Sa formation BEP vente est son « handicap » mais elle prépare activement une VAE pour valider un BTS MCO. En effet, ses missions sont en adéquation avec le référentiel. Le régional lui a apporté son appui pour que le poste lui revienne.
- Depuis 3 mois, Wen est en CDI au poste de vendeuse visuel. Elle remplace Juliette qui est partie. Elle se plaît bien à son poste et a encore ses preuves à faire avant d'ambitionner autre chose.
- Khadija est vendeuse en prêt à porter depuis 2 ans à temps plein. Elle aime ce qu'elle fait et habite à 300 m du magasin.
- Matthieu est le seul homme du magasin, ses clientes lui sont fidèles et il souhaite rester en centre-ville.

APPLICATION 4 Déterminer le profil de candidat

→ À partir de l'annonce de recrutement, dressez le profil idéal du candidat.

VENDEUR DE RAYON TRADITIONNEL, UN COMMERÇANT FIER DE SES PRODUITS

Dans les Magasins U (Hyper U, Super U, U express, Utile), le vendeur exécute toutes les tâches liées à la **vente en grande distribution** : approvisionnement des rayons, étiquetage, mise en valeur de la marchandise, découpe. L'emploi de vendeur en supermarché ou en hypermarché permet d'acquérir un savoir-faire et une connaissance des produits frais (tel le boucher, le poissonnier, le charcutier, le fromager, l'employé point chaud) qui permettent une présentation efficace et un conseil aux clients de qualité dans l'esprit « Nouveaux Commerçant ».

VOS MISSIONS

Vous serez chargé de :
- Accueillir, conseiller et servir les clients dans l'esprit « Nouveaux Commerçants »
- Mettre en rayon et participer à la gestion des marchandises
- Animer, mettre en scène et rendre le rayon attractif
- Veiller à la qualité et à la sécurité alimentaire

VOTRE PROFIL

Pour mener à bien ces missions, il est important de :
- Etre sensibilisé aux produits frais
- Avoir d'excellentes qualités relationnelles et le sens du service client
- Avoir l'esprit d'équipe

L'ÉVOLUTION DE VOTRE CARRIÈRE

En fonction de vos compétences et de votre motivation, vous pourrez évoluer vers un poste d'adjoint, puis de manager de rayon.

TÉMOIGNAGE

NADIA
Vendeuse au rayon marée

www.u-emploi.com

APPLICATION 5 Sélectionner le candidat idéal grâce au profil de candidat

Pour recruter, vous avez fait paraître sur des sites spécialisés l'annonce ci-dessous. Deux CV ont retenus votre attention mais vous devez être le plus impartial possible dans votre choix.

1 Construisez le profil de poste.

2 Comparez ces deux candidats grâce à la grille de profil de candidat.

3 Lequel retenez-vous ? Pourquoi ?

Fiche Méthode 2

Fiche Repères 2

DOC 1. Annonce

Chargé(e) de clientèle H/F
CDD

Média Publications France, entreprise de presse dynamique spécialisée dans la publication de conseils financiers destinés aux particuliers et filiale d'un grand groupe irlandais, recherche un(e) chargé(e) de clientèle H/F.

Profil de poste

Au sein d'une petite structure dynamique, en forte croissance, spécialisée dans la presse financière, et sous la responsabilité du directeur administration des ventes, vos missions principales sont les suivantes :

- traiter les demandes des clients/prospects au travers des différents supports mis à disposition (téléphone, e-mail, chat et courrier) et ce, dans le cade des délais, règles et process internes ;
- conseiller les clients/prospects en fonction de leur profil, tout en valorisant l'offre de l'entreprise ;
- veiller à assurer la performance et la qualité des réponses faites aux clients/prospects ;
- traiter les actes de gestion relatifs aux abonnements et saisir les données dans le CRM interne (commandes, saisie des règlements, désabonnements...).

Compétences

- MO-TI-VA-TION !
- Très bonne orthographe et très bonne élocution
- Esprit orienté « service clients », excellent relationnel, être au téléphone ne vous fait pas peur !
- Rigueur, précision, sens de l'organisation
- Bonne résistance au stress
- Dynamique, motivé, persévérant, pédagogue, à l'écoute, souriant
- Maîtrise des outils bureautiques

Formation

- Formation commerciale minimum bac + 2
- Première expérience réussie dans la relation clientèle (idéalement au sein d'un service clients avec réception d'appels)
- La connaissance ou un vif intérêt pour les domaines de la banque/finance est évidemment un plus non négligeable
- Bon niveau d'anglais

Pour votre dossier de candidature, merci d'envoyer par courriel un CV + lettre de motivation (obligatoire). Tout dossier incomplet ne sera pas pris en compte.

DOC 2. **CV n° 1**

Julia DUPART
23 ans
22 rue du Nord, 75000 Paris
06 27 12 xx xx
Duparta2@mail.com

PRÉSENTATION

Conseiller clientèle ayant à cœur la satisfaction de la clientèle et l'atteinte des objectifs de son entreprise. Apte à établir des rapports de confiance avec les clients. Établit les priorités et gère efficacement son temps de travail.

EXPÉRIENCE

10/2018 Futur Studios, Marseille

- Réception de l'ensemble des appels téléphoniques des clients de l'entreprise
- Aide à la définition de la politique de l'entreprise vis-à-vis de ses clients
- Gestion des clients potentiels
- Explication de nos services aux clients qui souhaitent connaître l'intérêt de nos nouvelles offres
- Enquêtes auprès des clients dans le but de connaître leurs besoins réels

04/2016 – 08/2018 Pâtisseries pour vous, Caen

- Suivi des procédures recommandées par l'audit interne de l'entreprise
- Conception de stratégies afin d'encourager l'achat de nos « packs mensuels » (formule d'abonnement mensuel avec livraison à domicile de nos produits)
- Gestion des appels téléphoniques des nouveaux clients. Résolution de leurs problèmes à l'utilisation de nos nouveaux services (commandes *via* Internet, livraison à domicile)

FORMATIONS ET DIPLÔMES

- **2016 :** CDPC Conseiller clientèle de professionnels, Marseille
- **2015 :** Diplôme de conseiller clientèle de l'institut de management de Marseille (Bac + 2)
- **2013 :** Baccalauréat littéraire, collège privé Albert de Paris

COMPÉTENCES ET QUALITÉS

- Grande capacité à faire preuve de constance dans l'effort
- Création de bases de données
- Maîtrise du pack Office
- Excellent esprit d'équipe

DOC 3. CV n° 2

Léo Fabri
15 rue Mouffetard, 75005 Paris
e-mail : leofabri@mail.com – Tél : 06 31 31 XX XX

Conseiller bancaire

Conseiller bancaire expérimenté à la recherche d'une nouvelle opportunité au sein d'un groupe d'envergure internationale.

COMPÉTENCES

- Gestion de comptes clients particuliers et professionnels
- Traitement des demandes de prêts et crédits bancaires
- Mise en place de découverts et suivi clients
- Bonne maîtrise des services financiers et bancaires
- Méthodes de transactions financières
- Connaissance des règlementations et des lois en vigueur

EXPÉRIENCE PROFESSIONNELLE

12/2014 – Présent

Conseiller clientèle spécialisé, Bourse Banque

- Prise en charge des demandes des prospects, avec analyse de leurs besoins
- Gestion et suivi de l'ensemble d'un portefeuille
- Montage des dossiers de financement personnalisés

10/2013 – 12/2014

Conseiller clientèle junior, Banque du Nord

- Accueil des clients *via* différents canaux (téléphone, Internet et courrier)
- Réalisation des opérations bancaires et assistance en ligne
- Développement des ventes (ouvertures de comptes, ventes de produits d'épargne, services associés, etc.)
- Suivi des dossiers et gestion de la base clients

LOISIRS

- Cinéma
- Randonnée
- Sport : pratique du karaté en compétition

Thème 2

4 Recruter et intégrer des collaborateurs

COMPÉTENCES
→ Participer au recrutement
→ Conduire un entretien de recrutement
→ Intégrer les nouveaux arrivants

LE CAS – Nature et Découvertes

FICHE MÉTHODE 1 – Comment réaliser un recrutement ?

FICHE MÉTHODE 2 – Comment rédiger une annonce ?

FICHE MÉTHODE 3 – Comment trier et sélectionner les candidatures ?

FICHE MÉTHODE 4 – Comment conduire un entretien de recrutement ?

FICHE REPÈRES 1 – L'intégration des nouveaux collaborateurs

FICHE REPÈRES 2 – Les enjeux, coûts et contraintes légales en matière de recrutement

APPLICATIONS

LE CAS NATURE ET DÉCOUVERTES

- **Activité**
  Distributeur de produits de bien-être
- **Concept**
  Tous les produits sont respectueux de l'environnement
- **Stratégie**
  Stratégie de croissance interne et développement du cross canal (digitalisation)
- **Cible**
  B to C, consommateurs ayant une CSP plutôt favorisée
- **Chiffres clés**
  77 magasins en France et 12 à l'international, plus de 10 000 références, CA de 206 millions Euros (2017)
- **Unité commerciale**
  Nature et Découvertes Toulouse
- **Structure de l'UC**
  15 salariés, surface de 225 m^2
- **Localisation**
  64 rue de la Pomme, 31000 Toulouse
- **Horaires ouverture**
  Ouvert du lundi au samedi de 10 h à 19 h 30. Fermé le dimanche

Vidéo 2'07

4 LE CAS NATURE ET DÉCOUVERTES

Nature et Découvertes Toulouse est géré par Moussa Abdi, qui dirige une équipe de 14 personnes. L'UC a pour projet d'emménager dans un local plus grand ; M. Abdi souhaite en profiter pour développer le rayon Enfants de l'UC.

→ **Vous êtes directeur(rice) adjoint(e) du magasin. Vous assistez M. Abdi dans son activité.**

MISSION 1 Participer au recrutement

Annexes 1 et 2

Suite au déménagement et à l'extension des deux rayons, Monsieur Abdi doit recruter un(e) vendeur(se)/guide conseil supplémentaire en CDI 35 h. Il s'interroge sur l'opportunité d'embaucher une personne extérieure ou d'effectuer un recrutement interne parmi les hôtes et hôtesses d'accueil. Il souhaite que vous preniez le dossier en main.

1. Rédigez une note exposant les avantages et les inconvénients d'un recrutement externe et d'un recrutement interne. Faites une préconisation.
2. Construisez le profil de poste de vendeur(se)/guide conseil.
3. M. Abdi a demandé à un stagiaire de BTS MCO de rédiger une annonce de recrutement. Analysez les points forts et les points faibles de cette annonce, puis proposez votre version.
4. Par quels canaux de diffusion ferez-vous paraître l'annonce ? Justifiez vos choix.

Fiche Méthode 1 Fiche Méthode 2

MISSION 2 Sélectionner et intégrer les candidats

Annexes 3 à 5

M. Abdi a reçu de nombreuses réponses à l'annonce que vous avez passée. Il vous demande de l'aider à procéder au recrutement.

5. Concevez un outil qui permettra de sélectionner les 2 meilleurs profils à l'issue de l'entretien.
6. Établissez un guide d'entretien avec une liste de questions en tenant compte des deux CV retenus et des caractéristiques du poste.

Fiche Méthode 2 Fiche Méthode 3

La nouvelle recrue doit arriver dans moins d'un mois. Lors d'une discussion informelle avec vos collègues, ils vous ont indiqué que leur propre arrivée ne s'était pas toujours bien passée : peu d'informations, pas de référent... Vous en parlez à Moussa Abdi, qui vous demande de vous pencher sur le problème. Il vous demande par ailleurs une note lui rappelant les démarches à effectuer lors de l'arrivée d'un nouveau collaborateur.

7. Proposez la structure d'un livret d'accueil à remettre aux nouveaux arrivants.
8. Rédigez une note à M. Abdi lui rappelant les démarches à effectuer lors de l'arrivée d'un nouveau collaborateur.

Fiche Repères 1
Fiche Repères 2

AUTO-ÉVALUE-TOI !

	☺	😐	☹
Je peux participer au recrutement.			
Je sais préparer et conduire un entretien de recrutement.			
Je sais accueillir les nouveaux arrivants.			

ANNEXE 1 Les salariés Nature et Découvertes intéressés par la mobilité

Nom	UC	Poste occupé	Commentaires
 Romane Testut	Toulouse centre	Hôtesse d'accueil temps partiel	Recherche un poste de vendeuse/guide conseil à temps partiel uniquement
 Olivier Rozan	Toulouse Blagnac	Vendeur/guide conseil rayon Thés/tisanes plein temps	Souhaite occuper un poste de directeur adjoint
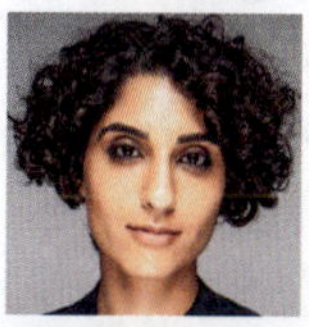 Héloïse Goldberg	Toulouse Labège	Vendeuse/guide conseil rayon Enfants plein temps	Recherche un poste de vendeuse/guide conseil à Bordeaux
 Sarah Rodriguez	Toulouse centre	Hôtesse d'accueil plein temps	Recherche un poste d'hôtesse d'accueil à temps partiel
 Samir Kadour	Toulouse centre	Hôte d'accueil temps partiel	Recherche un poste d'hôte d'accueil à temps plein
 Anissa Najib	Toulouse Blagnac	Directrice adjointe	Recherche un poste de directrice dans n'importe quel magasin
 Roukyata Akombe	Toulouse Labège	Vendeuse/guide conseil plein temps rayon Astronomie	Spécialisée en astronomie, elle souhaite occuper un poste identique dans le même rayon dans le magasin Toulouse centre
 Bae Kwon	Toulouse Centre	Vendeur/guide conseil plein temps rayon Montagne	Recherche le même poste dans le magasin Toulouse Blagnac

ANNEXE 2 Fiche de poste de vendeur(se)/guide conseil Nature et Découvertes

Missions et activités principales
– Garantir les résultats la tenue des rayons. – Accueillir et servir les clients. – Gérer les stocks et dynamiser les rayons. – Gérer les produits et les ventes des univers désignés par la direction en fonction des priorités imposées au magasin.
Formations et expériences
– BAC à BAC +2 (de type BTS MUC/MCO ou NRC/NDRC). – Idéalement, une première expérience dans les métiers de la vente conseil et / ou de services. – Le plus : déjà travaillé dans des environnements loisirs/culture.
Aptitudes et compétences
– Je suis un commerçant dans l'âme. – Je suis passionné(e) par l'environnement, les sciences, la nature... – Je sais écouter et nouer des relations personnalisées avec les clients. – J'aime faire plaisir et rendre service. – J'ai l'esprit du collectif. – Je sais faire preuve d'initiative. – Je connais le monde de l'enfance et j'ai de l'intérêt pour les activités pédagogiques.

ANNEXE 3 Fiche ROME « Vente en articles de sport et de loisirs » (D1211) (extraits)

Définition

- Réalise la vente d'articles et d'accessoires destinés à des activités sportives, culturelles ou de loisirs auprès d'une clientèle de particuliers selon la réglementation du commerce, la stratégie et les objectifs commerciaux de l'entreprise.
- Peu proposer des services complémentaires (réglages de cycles, maintenance d'instruments de musique, préparation d'armes à feu...).
- Peut coordonner une équipe.

Accès à l'emploi métier

Cet emploi/métier est accessible avec un diplôme de niveau CAP/BEP à Bac+2 (BTS, DUT,...) dans les secteurs de la vente, du commerce et de la distribution. Il est également accessible sur pratique ou connaissance d'un domaine spécifique (littérature, musique, discipline sportive...) sans diplôme particulier.

La maîtrise d'un logiciel de gestion de stock peut être requise.

Conditions d'exercice de l'activité

L'activité de cet emploi/métier s'exerce au sein de magasins indépendants, de grandes surfaces spécialisées, de grands magasins... en contact avec les clients parfois en relation avec les chefs de rayon, les responsables de magasin, les fournisseurs...

Elle varie selon la technicité des produits (cycles, équipements de plongée, armes...) et la taille de la structure.

Elle peut s'exercer en horaires décalés, les fins de semaine, jours fériés et être soumise à des variations saisonnières (fêtes de fin d'année, rentrée scolaire, soldes...).

L'activité peut s'exercer à l'extérieur, en local exigu (kiosque à journaux) et impliquer la station debout prolongée.

Compétences de base

Savoir-faire	Savoirs
• Accueillir une clientèle • Proposer un service, produit adapté à la demande client • Encaisser le montant d'une vente • Proposer un service complémentaire à la vente • Réaliser la mise en rayon • Réaliser le balisage et l'étiquetage des produits en srayon • Ranger des produits ou marchandises selon leurs dates de validité et les conditions de conservation • Suivre l'état des stocks • Définir des besoins en approvisionnement • Préparer les commandes • Réceptionner un produit • Vérifier la conformité de la livraison	• Procédures d'encaissement • Techniques de mise en rayon • Techniques d'inventaire • Principes de la relation client • Gestion des stocks et des approvisionnements • Gestes et postures de manutention • Logiciels de gestion de stocks • Typologie du client • Techniques de vente • Argumentation commerciale

ANNEXE 4 Annonce rédigée par le stagiaire

Vendeur(se)/guide conseil univers enfants – 35 h Nature et Découvertes

Mission

- Vous serez vendeur(se) / guide conseil dans le rayon Enfants. Il s'agit d'accueillir les clients, de réaliser les ventes, de ranger les rayons... Le rayon Enfants est assez grand, il faut être capable de s'organiser et de bien visualiser l'état des stocks.
- Il faut savoir gérer les stocks et animer les rayons, avoir à cœur le bonheur du client et la satisfaction de ses besoins.
- Les animations doivent avoir lieu au moins une fois par mois, il faut avoir de l'imagination et du dynamisme !

Profil

- BTS MCO ou BTS NDRC.
- Vous devez avoir une première expérience de la vente, idéalement dans le loisir ou l'enfance. Nature et Découvertes est très sensible à la protection de l'environnement. Nous aimerions que ce soit aussi dans vos préoccupations quotidiennes.
- Si vous avez également travaillé dans le domaine de l'enfance c'est un plus. Il faut pouvoir cibler les attentes des jeunes clients et les comprendre afin de les servir au mieux.
- L'équipe est composée de 15 personnes, il faudra savoir vous intégrer et être dynamique.

Envoyez votre CV à :
Moussa Abdi
Nature et Découvertes Toulouse
recrutementxx@nature_decouverte.com.

ANNEXE 5 CV n° 1

Aboubacar Diallo
4 Rue de la République, 31000 Toulouse
Adiallo@mail.fr
Tel : 06.57.45.XX. XX/05.98.75.XX. XX
23 ans

PRÉSENTATION

Vendeur dans l'âme ! Dynamique, motivér, à l'écoute des clients, je suis disponible de suite.

EXPÉRIENCES PROFESSIONNELLES

Septembre 2018-Janvier 2019 : Vendeur, Z (vêtements petite enfance), Toulouse

- Accueil et conseil des clients
- Animation du rayon
- Gestion des stocks, réassort
- Gestion de la caisse

Juin 2017-Juillet 2018 : Hôte d'accueil, Nature et Découvertes, Marseille

- Accueil et conseil des clients
- Tenue de la caisse

Septembre 2016-Juin 2017 : Vendeur, Oxybul, Marseille

- Accueil et prise en charge des clients
- Conseil et conclusion de la vente
- Gestion de la caisse

FORMATION

Juin 2016 : BTS MUC

Juin 2014 : Bac pro Commerce

DIVERS

- Bénévole pour l'association WWF France de protection de la nature
- Pratique du tennis en compétition

ANNEXE 6 CV n° 2

Wen Zhang

7 rue du Général de Gaulle, 31000 Toulouse
E-mail : Zhang@mail.com | Téléphone : 06.00.33.00.XX

Vendeuse

Extrêmement motivée par les loisirs et la nature. Sait très bien travailler en équipe mais est aussi complètement autonome. Motivée et organisée.

EXPÉRIENCE PROFESSIONNELLE

01/2018 – Aujourd'hui

Vendeuse chez Maisons du Monde, Toulouse

- Gestion des livraisons et stock
- Réassort du magasin
- Développement du service client
- Gestion de la caisse

01/2017 – 01/2018

Vendeuse polyvalente chez Toys'R'us

- Gestion du rayon Pédagogie : réassort, animation du rayon
- Gestion de la caisse

FORMATION

06/2017

BTS MUC

AUTRES COMPÉTENCES

- Excellente organisation et communication
- Intérêt pour l'écologie
- Bonne utilisation des logiciels de gestion des stocks

CENTRES D'INTÉRÊT

Lecture, animaux, randonnée, alpinisme.

RÉFÉRENCES SUR DEMANDE

Mon bloc-note

4

Fiche Méthode 1

Comment réaliser un recrutement ?

ENJEUX

➤ Réaliser un recrutement adapté aux besoins

1 Choisir le type de recrutement

Le recrutement peut se faire à l'intérieur de l'entreprise, parmi les collaborateurs déjà présents et qui souhaiteraient changer de poste, ou à l'extérieur de l'entreprise.

	Avantages	Inconvénients
Recrutement interne	• Simplification du recrutement. • Peu coûteux. • Le salarié est immédiatement efficace, moins de risque d'erreur sur la personne recrutée • La promotion interne est un facteur de motivation pour tous les salariés de l'entreprise.	• Il peut être difficile pour un salarié de devoir encadrer ses anciens collègues. • Un salarié risque d'atteindre son seuil d'incompétence. • Risque d'un manque de recul du salarié par rapport aux pratiques de l'entreprise.
Recrutement externe	• Permet d'introduire de nouvelles compétences dans l'entreprise. • Création d'une nouvelle dynamique au sein des équipes.	• Peut être coûteux : passage d'une annonce, appel à un cabinet de recrutement, coûts d'intégration... • Longueur du processus.

2 Définir le poste et diffuser l'annonce

A. Définir le poste

- Afin de recruter la bonne personne, il faut définir le plus précisément possible le **profil du poste** à pourvoir d'un point de vue quantitatif – le type de contrat, le volume d'heures, etc. – et qualitatif : le profil recherché.
- Il s'agit de **décrire la fonction** qui sera occupée, **les missions** à réaliser dans le cadre du poste, **les compétences** (savoirs, savoir faire, savoir être) à maitriser. Ces éléments sont présentés dans la **fiche de poste**.
- À l'aide de cette fiche de poste, il faut ensuite **décrire le profil de candidat idéal**, en regroupant dans un tableau organisé par rubrique les qualités dont le candidat doit disposer.
- Ces outils permettent de rédiger l'annonce.

Chapitre 3
Fiche Méthode 2

B. Trouver des candidats

Étape	Support
Attirer les candidats	• Espace carrières sur le site Internet de l'entreprise • Forum de recrutement, salons • Simulation de situation professionnelle (jeux de rôles, recrutement par compétences...) • Challenges en ligne, jeux sérieux
Rechercher des candidats	• Candidatures spontanées • CVthèques externes (APEC, sites) • Plateformes de recrutement (*joboards*) • Externalisation (cabinet de recrutement)
Publier une annonce	• En externe : presse, écoles, réseaux sociaux, sites spécialisés, cooptation • En interne : affichage, note de service, intranet, cooptation, parrainage

3 Sélectionner les candidats

Réceptionner les candidatures

↓

Trier les candidatures à l'aide des CV et lettres de motivation

↓

Planifier les entretiens à l'aide des outils collaboratifs (agenda partagé…)

↓

Réaliser les entretiens à l'aide du guide d'entretien

↓

Confronter les grilles d'évaluation des candidats

↓

Sélectionner le candidat correspondant le mieux au profil du poste grâce à la grille de notation ou au profil en radar

↓

Informer les candidats, même non retenus, du choix effectué

↓

Archiver les candidatures afin de pouvoir les exploiter lors d'une recherche ultérieure

Fiche Méthode 3
Fiche Méthode 4

4 Réaliser les formalités d'accueil et intégrer la recrue

- Une fois le candidat sélectionné, un certain nombre de **déclarations obligatoires** sont à effectuer avant, pendant et après son arrivée.

Fiche Repères 2

- La **période d'accueil** peut-être variée en fonction de la structure et de la recrue ; d'une journée à un mois en général, cette période permet au nouveau salarié d'être intégré au mieux au sein de l'équipe et de l'entreprise, et facilite ainsi la collaboration avec les collègues.
- Attention, l'accueil ne se limite pas à une période de découverte ; il est important de **réaliser des évaluations périodiques et des entretiens réguliers** afin de contrôler que l'intégration s'effectue de manière efficace.

Fiche Repères 2

Fiche Méthode 2

Comment rédiger une annonce ?

ENJEUX

- Rédiger une annonce claire, attractive et sélective
- Rédiger une annonce correspondant au profil de poste
- Respecter la légalité

PRÉREQUIS

- Avoir défini un profil de poste : contenu du poste, compétences nécessaires, qualités attendues.

1 Choisir les supports adaptés

En fonction du poste à pourvoir, il faut sélectionner un ou plusieurs supports de parution de l'annonce : site Internet de l'entreprise, Pôle emploi, sites spécialisés, journaux locaux ou spécialisés...

2 Rédiger l'annonce

ADJOINT(E) RAYON ÉPICERIE (H/F) — Intitulé du poste

Publié le 20/12/N — Date de publication

Ville : Plougastel-Daoulas

Secteur : Employé/Vendeur

Réf : ADJ – EPI — Référence de l'annonce

Département : Finistère (29) — Localisation

Type de contrat : CDD

Dans le cadre de notre développement, nous étoffons nos équipes. Nous recherchons une personne (H/F), adjoint(e) du rayon Épicerie pour notre magasin de Plougastel-Daoulas.

– PRÉSENTATION DE L'ENTREPRISE – — Présentation des caractéristiques de l'organisation

Notre magasin Biocoop est implanté à Plougastel-Daoulas depuis 26 ans. Notre souhait est de développer et de faire connaître l'alimentation biologique, dans le respect de l'humain et de l'environnement.

Une surface commerciale de 500 m² avec une équipe dynamique et motivée de 26 salariés dont 15 salariés sociétaires. Nous ouvrons bientôt un nouveau point de vente, à Relecq-Kerhuon.

– DESCRIPTION DU POSTE – — Missions et fonctions

- Adjoint(e) rayon Épicerie sucré/salé/liquides
- Travail en équipe
- Polyvalence : caisse, services arrière, aide fruit/légume, nettoyage du magasin
- Réception, contrôle et mise en place des marchandises
- Vente, accueil et conseil clientèle
- Commandes

– PROFIL DU CANDIDAT – — Compétences, connaissances et qualités attendues

- Expérience réussie dans le domaine du commerce
- Toute formation ou expérience dans le domaine spécifique du rayon vin ou de la cuisine seraient appréciées
- Dynamisme, réactivité, adaptation, sens du commerce et de l'accueil sont vos points forts

La connaissance du monde de l'alimentation biologique et un intérêt marqué pour l'environnement sont nécessaires.

– CONDITIONS DE TRAVAIL – — • Date de début • Type de contrat et durée • Horaires de travail

CDD 6 mois 35 heures à partir d'avril 2019 pouvant évoluer en CDI. Salaire suivant expériences et connaissances, sur la base de la convention collective 3244.

– POUR POSTULER – — Documents à transmettre par le candidat (CV, LM)

Envoyez CV + LM en cliquant sur le lien ci-dessous :

POSTULER — Coordonnées de contact

Fiche Méthode 3

Comment trier et sélectionner les candidatures ?

ENJEUX

Construire des outils permettant de :
- visualiser les principaux critères à évaluer
- classer, ordonner les candidatures

1 Définir les critères de pré-sélection

- Pour la pré-sélection sur CV et lettres de motivation, reprendre le profil de poste créé et **classer les critères** du plus important au moins important.
- **Ajouter ensuite des notes** ou commentaires en fonction des éléments supplémentaires perçus dans les profils : esprit compétitif pour un candidat sportif...
- **Faire une synthèse** de ces différents éléments afin de ne retenir qu'un certain nombre de candidats à rencontrer.

2 Apprécier le candidat lors de l'entretien

- À l'aide du guide d'entretien conçu et adapté à chaque candidat, **évaluer les différents critères** *in situ*, creuser les points qui le nécessitent.
- Cette évaluation peut se faire sur le **profil de candidat** préalablement renseigné, ou prendre la forme d'une **grille de notation** ou d'un **profil en radar**.

Exemple de grille de notation :

Grille de notation				
Nom Prénom candidat				
Date				
PERSONNALITÉ	**1**	**2**	**3**	**4**
Autorité			✔	
Ambition			✔	
Sociabilité				✔
Maturité				✔
Dynamisme			✔	
TRAVAIL	**1**	**2**	**3**	**4**
Organisation			✔	
Sens des responsabilités				✔
Rigueur			✔	
Initiative			✔	
Adaptation au travail en équipe				✔
Esprit d'analyse			✔	
CAPACITÉS INTELLECTUELLES	**1**	**2**	**3**	**4**
Créativité			✔	
Rapidité			✔	
Total points			**27**	**16**

Note globale : 43
Commentaires :
Favorable ☐ *En attente* ☐ *Refusé* ☐

Exemple de profil en radar :

Le graphique sera accompagné de commentaires et comparé au profil-type.

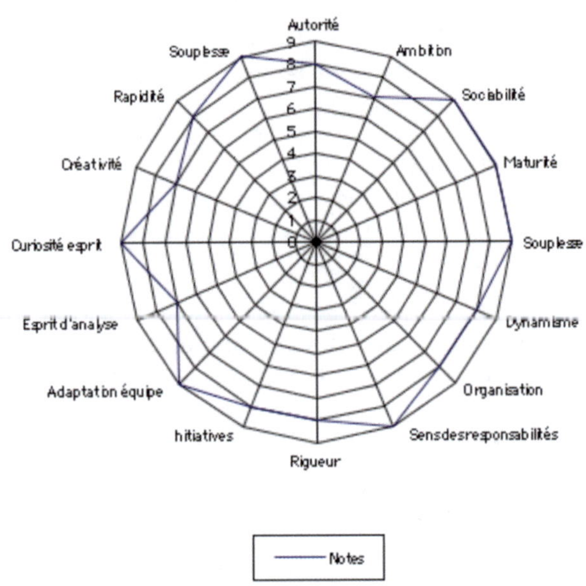

Fiche Méthode 4

Comment conduire un entretien de recrutement ?

ENJEUX

- Sélectionner le ou la candidat(e) correspondant le mieux au profil recherché
- Savoir élaborer un guide d'entretien facilitant la selection
- cerner la personnalité du candidat
- Respecter les valeurs de l'entreprise
- Respecter la législation

L'entretien de recrutement sert à témoigner de l'intérêt aux candidats reçus. Il leur permet de mettre en avant leurs compétences, connaissances et qualité, et de vérifier leur adéquation avec le poste proposé et les valeurs de l'entreprise.

1 Concevoir un guide d'entretien

En fonction du poste à pourvoir et du CV du candidat.

Un guide d'entretien peut contenir trois types de questions :

- **des questions sur le candidat :** sa formation, son expérience, ses goûts en lien avec le poste, ses compétences, ses savoirs, savoir faire, savoir être…
- **des questions techniques** qui permettent d'évaluer sa connaissance de l'entreprise et de son activité, mais également du poste en lui-même, et sa compréhension des qualités nécessaires à ce poste ;
- **des questions plus atypiques** ou s'écartant un peu plus du poste lui-même, afin d'en savoir plus sur le candidat, son caractère, ses réactions…

Prévoir une rubrique permettant d'étudier l'attitude et le langage non verbal du candidat (tenue vestimentaire, posture…).

➥ *Exemple de guide d'entretien*

Expériences professionnelles

- *Quelle était la position hiérarchique de votre dernier poste ? Vous satisfaisait-elle ?*
- *Quelle différence faites-vous entre votre ancien poste et celui qui vous est proposé ?*

Comportement au travail

- *Pouvez-vous me donner des précisions sur les missions qui vous étaient confiées ?*
- *Quel degré de proximité avec la hiérarchie vous est nécessaire pour être efficace ?*
- *Préférez-vous travailler en groupe ou de façon autonome ?*
- *Avez-vous connu des échecs ? Qu'avez-vous appris ?*

Motivation sur le poste

- *Quels sont les points qui vous attirent tout particulièrement dans le poste proposé ? (et le moins) ?*
- *Que savez-vous de nous, de notre société, de nos produits, de notre marché ?*

Compétences

- *De quoi êtes-vous capable aujourd'hui ? Que savez-vous faire ?*
- *Pourquoi et comment pensez-vous participer au développement de notre entreprise ?*
- *Quelles sont parmi vos aptitudes et expériences celles qui vous permettent de penser que vous réussirez dans un tel emploi ?*

Formation

- *Pourquoi avez-vous choisi cette voie ? Avez-vous des regrets ?*
- *Quelle est la chose la plus importante que vous ayez apprise pendant vos études et pourquoi ?*

Autres

- *Êtes-vous disponible immédiatement ?*
- *Quelle est votre situation actuelle ?*
- *Quelles sont vos attentes en matière de rémunération ?*

www.entreprises.cci-paris-idf.fr

2 Prévoir des tests de recrutement

De plus en plus de recrutements passent par le biais de tests de différentes natures.

- Des tests **psychotechniques** de raisonnement logique.
- Des tests de **personnalité**.

➥ *Exemple*

Vidéo 3'40

- Des tests d'**aptitude** (pour évaluer les compétences dans un domaine précis).
- Des tests d'**habileté**.

➥ *Exemple*

Vidéo 2'54

3 Mener l'entretien

Accueillir : saluer, se présenter
Bonjour M./Mme X. Je m'appelle Y, je suis le/la responsable du rayon.

Présenter l'entreprise et le poste
Notre entreprise compte 25 salariés, qui se répartissent sur les 10 rayons.
Nous sommes à la recherche d'un(e) employé(e) libre-service polyvalent(e) en CDI à temps plein.

Demander au candidat de se présenter
Pouvez-vous me parler de vous et de votre parcours ?

Questionner le candidat
Je vois sur votre CV que vous avez été employé libre-service dans l'entreprise W pendant 5 ans. En quoi consistait votre travail ?

Conclure l'entretien
Je vous remercie M./Mme X. Nous allons recevoir d'autres candidats, puis nous ferons notre choix d'ici 10 jours. Nous vous recontacterons pour vous annoncer notre décision.

Fiche Repères 1

L'intégration des nouveaux collaborateurs

1 Les enjeux

Les enjeux d'une intégration réussie sont multiples pour l'entreprise comme pour le collaborateur.

- **Pour l'entreprise :** un processus d'intégration efficace permet la fidélisation des collaborateurs, la valorisation de son image et l'amélioration de ses performances.
- **Pour le collaborateur :** une intégration réussie lui permet d'être opérationnel, renforce son sentiment d'appartenance au groupe et sa motivation, accentue son implication.

2 Les formalités d'embauche

Les formalités liées à l'arrivée d'un nouveau collaborateur sont multiples.

Formalité	Description
Déclaration préalable à l'embauche (DPAE)	Établie de préférence en ligne (www.net-entreprises.fr) au maximum 8 jours avant la date d'embauche. Il faut renseigner : • l'identification de l'employeur (Siren et code APE) ; • l'identification du salarié ; • la date et l'heure de l'embauche ; • la nature et la durée du contrat et de la période d'essai. Cette déclaration unique permet de demander : • l'immatriculation du salarié à la Sécurité sociale ; • l'affiliation à l'assurance chômage ; • l'adhésion à un service de santé au travail ; • la déclaration auprès du service de santé au travail en vue de la visite médicale obligatoire ; • le préétablissement de la déclaration annuelle des données sociales (DADS).
Inscription au registre unique du personnel	Reprend la liste des embauches dans l'ordre chronologique : identification du salarié, carrière, type de contrat.
Visite d'information et de prévention	Elle doit être réalisée dans les 3 mois suivant la prise de poste. À l'issue de la visite, une attestation de suivi est délivrée au salarié et à l'employeur.

3 La procédure d'accueil

Avant l'arrivée
- Préparer les documents administratif
- Préparer le guide d'accueil : histoire de l'entreprise, valeurs, mode de fonctionnement (organigramme, horaires, moyens de communication), droit des salariés (convention collective, règlement intérieur)
- Aviser les membres de l'équipe
- Choisir un tuteur référent

Le jour de l'arrivée
- Remettre la documentation
- Présenter le nouveau salarié
- Prévoir un entretien avec le ou les supérieurs
- Effectuer une visite de l'entreprise

Après l'arrivée
- Prévoir un accompagnement suivi : bilan de l'intégration
- Évaluer les besoins de formation du nouveau collaborateur

Fiche Repères 2

Les contraintes légales en matière de recrutement

1 L'offre d'emploi

La rédaction d'une offre d'emploi doit respecter un certain nombre de contraintes légales.

Éléments de l'annonce	Commentaire
Date	Obligatoire
Nom de l'employeur	L'annonce peut être anonyme si l'employeur communique son nom et son adresse au responsable de publication
Langue	L'annonce doit obligatoirement être rédigée en français si elle concerne un poste en France ou si l'annonceur est français
Mentions discriminatoires	Les mentions de : • l'origine ; • le sexe ; • la situation de famille ; • l'état de grossesse ; • l'apparence physique ; • le patronyme ; • l'état de santé ; • le handicap ; • les caractéristiques génétiques ; • les mœurs ; • l'orientation sexuelle ; • les opinions politiques ; • l'exercice d'une activité syndicale ; • l'appartenance ou non à une ethnie, une nation, une race ou une religion sont interdites, sauf si l'inégalité de traitement « répond à une exigence professionnelle essentielle et déterminante et pour autant que l'objectif soit légitime et l'exigence proportionnée » (article L. 1132-1 du Code du travail).
L'âge	L'âge ne peut théoriquement pas être un critère discriminant dans une offre d'emploi, sauf si la législation le précise.
Allégation fausse ou susceptible d'induire en erreur	Il est interdit de tromper le candidat sur : • l'existence, l'origine, la nature ou la description de l'emploi proposé ; • la rémunération et les avantages annexes proposés ; • le lieu de travail.

2 L'entretien d'embauche

Le recruteur peut interroger un candidat à l'écrit et/ou à l'oral. Il est libre de poser les questions qu'il souhaite si elles ont un lien direct et nécessaire avec le poste à pourvoir. L'employeur n'a pas le droit de poser des questions sur la santé, la situation familiale, l'adhésion à un syndicat... Il est interdit de refuser un candidat sur les critères suivants :

- origine géographique, nom de famille, lieu de résidence ;
- appartenance ou non-appartenance, réelle ou supposée, à une ethnie ou à une nation ;
- langue parlée (autre que le français) ;
- sexe ou identité de genre ;
- situation de famille, grossesse ou maternité ;
- orientation sexuelle ou mœurs ;
- apparence physique ;
- âge ;
- état de santé, handicap, perte d'autonomie ;
- caractéristiques génétiques ;
- religion, convictions politiques ou activités syndicales ;
- précarité de sa situation économique.

Applications

APPLICATION 1 Élaborer une grille d'évaluation pour le recrutement d'un commercial

Monsieur Alexandre Manet, responsable du recrutement chez Batibois92, entreprise de négoce en matériaux de construction à base de bois, vous demande d'élaborer un outil simple d'évaluation des attitudes des candidats qui participeront au prochain *job dating* organisé lors d'un salon professionnel.

→ Proposez une grille d'évaluation permettant de prendre en compte les critères du document et d'autres critères qui vous semblent pertinents. Chaque critère fera l'objet d'une appréciation (insuffisant, moyen, bien, très bien). Les attitudes à proscrire seront transformées en critères positifs afin de construire une grille cohérente.

DOC. Commercial : les 3 bonnes attitudes en *job dating* (et les 3 mauvaises)

3 attitudes à adopter

1. L'écoute

« En *speed dating*, les candidats se trouvent en concurrence directe et sont confrontés à un temps limité. Ce n'est pas toujours facile de maîtriser ses émotions dans pareille situation. Il faut d'abord savoir écouter avant de parler », estime Christine Dumoulin, chargée de la coordination des recrutements des agents généraux chez Swiss Life [...].

2. La clarté

En *speed dating*, un commercial n'a que 5 à 10 minutes pour présenter son argumentaire et démontrer que sa candidature mérite d'être retenue. [...] « Les éléments avancés doivent être fluides et concis. Vous n'êtes pas là pour dérouler tout votre CV mais pour avancer les deux ou trois arguments clés qui sont susceptibles d'intéresser le recruteur parce qu'ils sont en lien direct avec ce qu'il cherche : s'il cherche un vendeur *B to B* par exemple, mettez de côté vos expériences en *B to C* », conseille Hugo Sallé de Chou, co-fondateur de l'application Pumpkin.

3. La sympathie

« La moitié des candidats a tendance à négliger son attitude avant ou après le *job dating*, observe Marjolaine Palaysi, chargée de développement RH chez Swiss Life. Or, ils peuvent déjà être testés dès leur arrivée sur le stand. » Comment se présentent-ils ? Sont-ils aimables, polis et souriants ? « On a pour habitude d'interroger l'hôte ou l'hôtesse d'accueil pour lui demander un retour sur la manière dont les candidats se sont présentés », révèle Marjolaine Palaysi.

3 attitudes à proscrire

1. La nonchalance

Pour Hugo Sallé de Chou, il n'y a aucune excuse à arriver en *speed dating* mal préparé. « J'ai vu des candidats arriver et poser comme première question : "Bonjour, vous faites quoi ?" C'est impardonnable. Même si le *speed dating* a lieu par exemple à un salon pour l'emploi et que le commercial tente sa chance un peu par hasard, il a aujourd'hui possibilité de se renseigner un minimum sur la société concernée et ses attentes en allant surfer sur le Net avec son smartphone. »

2 La récitation de texte

« Attention à ne pas faire de la récitation, met en garde Christine Dumoulin de Swiss Life. Un commercial doit savoir s'adapter à son auditoire et est donc théoriquement en mesure d'improviser : présenter son argumentaire en quelques minutes sans donner l'impression qu'il débite un discours appris par cœur et formaté. » [...]

3. La passivité

Dernière préconisation signée Guillaume Simonnet, directeur d'activité de Mes Nouveaux Commerçants : ne pas laisser de silences trop longs s'installer, au risque de passer pour quelqu'un de passif. « Je recommanderais aux commerciaux passant un *speed dating* de miser sur l'énergie de l'échange. Il faut que le recruteur voie en face de lui quelqu'un branché sur 220 volts, qu'il montre tout de suite ses capacités de prospection », précise-t-il. La capacité d'écoute n'empêche pas une prise de parole pertinente et à bon escient.

Keljob.fr, 2 mars 2019

Applications

APPLICATION 2 Publier une offre d'emploi

Les biscuiteries de Pont-Aven sont une PME spécialisée dans la production et la commercialisation de multiples produits de biscuiterie. Madame Amélie Belcombe, cheffe d'entreprise, souhaite recruter rapidement un(e) commercial(e) chargé(e) du développement de la vente de produits à l'international. Habituellement elle annonçait dans la presse régionale et s'adressait à l'agence locale de Pôle emploi, mais elle souhaite dorénavant recruter en faisant davantage appel à Internet.

→ **Madame Belcombe vous demande d'élaborer un tableau des principaux sites de recrutement, de noter leurs spécificités et de porter un avis sur l'intérêt de chaque site pour le recrutement envisagé.**

Site-Organisme	Caractéristiques (spécificités, taille du site, secteur d'activité, local/national...)	Intérêt pour le recrutement envisagé
Pole emploi		
LinkedIn		
APEC		
Ouest-France		
Jobijoba		
Monster.fr		
RegionJOB.com		
Indeed		
Autre		

APPLICATION 3 Établir un profil de poste et rédiger une trame d'entretien de recrutement

Madame Francine Quevilly a repris l'entreprise créée par son père il y a plus de quarante ans, spécialisée dans l'organisation de réception pour des particuliers et des professionnels. Quevilly-Traiteur bénéficie d'une forte notoriété dans la région Rouennaise. À ce stade de développement de l'entreprise, Madame Quevilly veut recruter un(e) nouvelle commercial(e) pour développer la clientèle professionnelle de l'entreprise ; vous disposez de la fiche descriptive du poste à pourvoir.

1 Complétez un profil de poste complet sur le modèle du document 3.

2 Rédiger la trame de l'entretien de recrutement.

Applications

DOC 1.

FICHE DE POSTE

Intitulé du poste : Commercial(e) en *Business to Business* (*B to B*)
Secteur confié : 76 - 14 - 92 - 78 - 75
Dépendance hiérarchique : Francine Quevilly, dirigeante et responsable commerciale.
Missions : promouvoir tous les services de l'entreprise auprès des professionnels, développer le portefeuille clients professionnels et animer le site Internet.
Objectifs de la 1re année : Développer la notoriété de l'entreprise Quevilly-Traiteur auprès des entreprises, assurer 900 visites prospects argumentées, acquérir 150 nouveaux clients et maintenir le CA avec les clients actuels.
Activités : organiser et planifier son activité, prospection, négociation-vente, gestion du site Internet, prospection par les réseaux sociaux, rendre compte.
Compétences requises : maîtrise des techniques de vente, compétences en mercatique et en digitalisation, bonne expression orale et écrite, bonne orthographe.
Expérience : 2 ans en vente de services en *B to B.*
Savoir être : créatif, organisé, ouvert, convaincant, adaptable, bonne présentation.
Connaissances : e-marketing, des réseaux sociaux, des logiciels Excel, Word, WordPress au minimum.
Diplôme, certificat, habilitation indispensables pour tenir le poste : formation commerciale. Niveau minimum : bac +2, de préférence un BTS MCO ou NDRC.
Éléments de la motivation professionnelle : ambition, intérêt pour la restauration, goût pour les bonnes choses.
Conditions d'exercice de l'activité :
- lieu de travail : Mont-Saint-Aignan (76) ;
- horaires : libres ;
- déplacements : jusqu'à 150 km à la ronde ;
- salaire : fixe : fourchette annuelle 12 000 à 15 000 euros selon expérience + prime sur objectifs (15 % sur le CA HT à 110 % du quota, 10 % à 100 % du quota et 5 % à 90 % du quota) + prime sur nouveau client (250 euros par client) ;
- compléments de rémunération : voiture de fonction.

Perspectives du poste : responsable commercial du site à 5/8 ans
Disponibilités souhaitées : sous six mois

DOC 2.

Trame de l'entretien de recrutement

→ *Créer un climat de confiance, susciter l'échange mais garder la maîtrise de l'entretien. Donner envie au candidat de rejoindre l'entreprise et sélectionner le « bon » candidat.*

Accueil du candidat

Découverte du candidat
→ *Faire parler, poser des questions ouvertes et d'approfondissement, prendre des notes.*
→ *Vérifier l'adéquation entre vos exigences pour le poste et le profil du candidat.*
→ *Comprendre la logique des choix professionnels et des changements.*

Présentation de l'entreprise et du poste à pourvoir (donner envie au candidat de maintenir sa candidature)
- L'entreprise
- Le poste

Conclusion

DOC 3.

Profil du candidat

		Profil du candidat			
FORMATION EXPÉRIENCE					
PRÉSENTATION					
PERSONNALITÉ					
APTITUDES AU TRAVAIL					
POSTE					

I-M-B-TB : Insuffisant, Moyen, Bien, Très Bien
NB : Salaire en K€ brut/an ; ainsi 18 000 € correspondent à 11 700 € net.

Thème 3

5 Favoriser la communication dans l'équipe

COMPÉTENCES
→ Transmettre les informations
→ Conduire une réunion
→ Favoriser l'implication des collaborateurs

FICHE MÉTHODE 1 Comment préparer et animer une réunion ?

FICHE MÉTHODE 2 Comment préparer et animer un entretien ?

FICHE MÉTHODE 3 Comment utiliser les outils numériques pour favoriser le travail collaboratif ?

LE CAS But

5

FICHE REPÈRES 1 La communication managériale

FICHE REPÈRES 2 La communication interne

FICHE REPÈRES 3 Les leviers de l'animation

APPLICATIONS

LE CAS BUT

- **Activité**
Distribution de produits sur six marchés : le mobilier, la décoration, la cuisine équipée, l'électroménager, le multimédia et la literie
- **Stratégie**
Des produits « tendance » à prix très accessibles
- **Valeurs**
Créativité, esprit d'équipe, ouverture d'esprit, écoute, challenge, respect, engagement
- **Chiffres clés**
Plus de 300 magasins, 5 plateformes logistiques, plus de 6 000 collaborateurs
- **Classement**
3e sur le marché français du meuble
- **Unité commerciale**
But de Blois
- **Localisation**
ZAC Des Perrières Rue Bernard Palissy, 41350 Vineuil
- **Horaires ouverture**
Ouvert du lundi au vendredi de 10 h à 12 h et de 14 h à 19 h, samedi de 9 h 30 à 19 h (fermé le dimanche)

Vidéo

5

LE CAS BUT

BUT

Le directeur du magasin, Philippe Griox, dirige une équipe composée de 3 chefs de rayon et 18 vendeurs.

Depuis 2018, le réseau BUT lance son nouveau concept de magasin. Une expérience d'achat totalement repensée : l'aménagement du parcours client, la mise en place des appartements témoins, les mises en ambiances... M. Griox décide de mettre en place les actions d'animation afin de créer une dynamique autour de ce projet au sein de son magasin.

→ **Vous assistez le directeur du magasin en tant que stagiaire dans le traitement de ce dossier.**

MISSION 1 Communiquer les informations utiles

Annexes 1 à 3

Afin de faciliter la mise en place de nouveau concept dans son magasin, Philippe Griox, le directeur, a décidé d'instaurer une communication managériale.

1. Pourquoi est-il indispensable pour un manager de communiquer auprès de son équipe ?
2. Listez les intentions managériales attendues dans la mise en place de ce projet.

Fiche Repères 1

M. Griox vous demande de faire un point sur les actions à mener afin de fédérer l'équipe autour du projet.

3. Proposez différents outils de communication managériale afin de développer la cohésion d'équipe et l'adhésion aux objectifs (la mise en place de nouveau concept).
4. Proposez les événements à mettre en place afin de fédérer tous les membres de l'équipe tout en respectant la vision du réseau BUT.

Fiche Repères 2 — Fiche Repères 3

Dans le souci d'amélioration de sa communication managériale, M. Griox vous demande de l'aider à élaborer de nouveaux outils numériques collaboratifs.

5. Listez les différents outils numériques permettant de favoriser le travail collaboratif.
6. Illustrez votre réflexion en utilisant l'outil Wisemapping.

Fiche Méthode 3

MISSION 2 Préparer et animer une réunion d'équipe

Annexes 4 et 5

M. Griox vous charge de préparer la réunion d'équipe afin d'expliquer le projet de la mise en place de nouveau concept au sein du magasin BUT de Blois. Il vous laisse ses consignes générales.

Suite à la réunion d'équipe, M. Griox souhaite réaliser les entretiens individuels avec les collaborateurs.

7. Fixez la date du rendez-vous de la réunion, en prenant en compte des disponibilités de l'ensemble des acteurs concernés.
8. Préparez l'ordre du jour de la réunion.
9. Précisez le rôle à jouer par l'animateur lors de la conduite de la réunion.
10. Concevez le guide d'entretien individuel.

Fiche Méthode 1

AUTO-ÉVALUE-TOI !

	☺	😐	☹
Les informations utiles au travail de l'équipe sont expliquées.			
Les objectifs des réunions sont atteints.			
Les techniques d'animation sont maîtrisées.			
Les actions d'accompagnement sont efficaces.			
La communication est mise en œuvre au service de l'efficacité managériale.			

ANNEXE 1 Extrait du communiqué de presse BUT « Nouveau concept »

Au cœur de ce projet d'envergure, la même ambition portée par les deux enseignes : stimuler la croissance, accroître le développement et soutenir le trafic sur les points de vente. Pendant deux ans, BUT et LUTZ ont mis en place un comité de pilotage. Ils ont travaillé autour d'une réflexion globale portant sur la qualité et l'expérience client. Leur objectif : capitaliser sur les forces des deux enseignes pour proposer une nouvelle expérience shopping en France.

[...] « Ce nouveau concept de magasin offre une véritable opportunité pour accélérer et poursuivre le développement de BUT. En travaillant sur la séduction et en proposant des produits «tendance» à prix très accessibles, nous souhaitons élargir notre cible et favoriser le taux de revisite » déclare Frank Maassen, Président de l'enseigne. « Véritable enjeu stratégique pour l'avenir, ce nouveau concept inscrit l'enseigne dans l'air du temps tout en réaffirmant nos valeurs d'accessibilité et de proximité » rajoute Frank Maassen. [...]

« C'est un parcours en magasin qui propose bien plus que des achats. Il offre une vraie expérience où les clients peuvent toucher le produit, l'essayer... et vivre une expérience shopping émotionnelle », commente Frank Maassen.

https://recrute.but.fr, 5 septembre 2018.

ANNEXE 2 Exemples des actions d'animation menées par le réseau BUT

L'intégration des alternants chez BUT
Les alternants du siège se sont livrés à une chasse au trésor dans les locaux de l'entreprise. Un moyen simple et ludique de faire connaissance et découvrir les lieux, entre sourires, compétition et esprit d'équipe.

Parcours certifiant « Logisticien de transport international » - BUT
Depuis le mois de mai, BUT propose à ses collaborateurs un parcours certifiant de « Logisticien de Transport International » de niveau II [...] délivré par le ministère du Travail. À ce jour, 7 collaborateurs ont été certifiés et 10 autres sont inscrits pour le prochain campus !

BUT s'engage aux côtés de l'association « Allons plus haut » dans un projet original et utile autour du handicap. L'idée : Offrir un vol en montgolfière aux personnes en situation de handicap à travers la France. Une façon simple de prouver à chacun que nous avons les mêmes possibilités.

Une dream team BUT passionnée de décoration propose chaque mois des planches de tendances sur différentes thématiques. L'objectif ? Inspirer les clients dans leur recherche de style et d'aménagement avec des produits disponibles en magasin et sur le Web. Nos expertes sont à suivre sur Facebook, Instagram, Pinterest et le blog but ! Retrouvez-y toutes leurs idées et laissez-vous guider avec leur dernier *moodboard* : « le Nid Douillet ».

https://recrute.but.fr, septembre 2018.

ANNEXE 3 Outil collaboratif WiseMapping

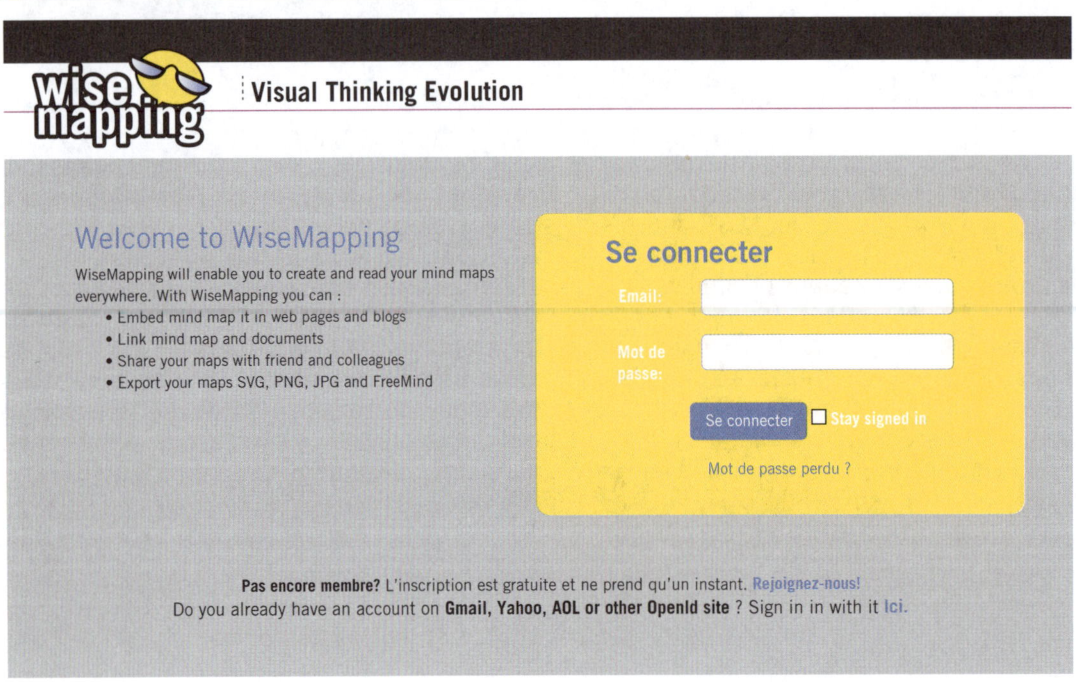

https://app.wisemapping.com

ANNEXE 4 Données de disponibilités de l'ensemble des acteurs concernés

Agenda de Monsieur Griox, directeur du magasin BUT Blois

GMT+01 – de 07:00 à 20:00

LUN. 22	Réception des marchandises 08:00 à 09:30 Brief de l'équipe, 09:45 Entretiens de recrutement 11:00 à 12:30 Commerce 16:00 à 19:00
MAR. 23	Formation des managers de proximité 14:00 à 18:00
MER. 24	Réception des marchandises 08:00 à 09:30 Brief de l'équipe, 09:45 Commerce 16:00 à 19:00
JEU. 25	Jour de repos 08:00 à 20:00
VEN. 26	Formation des managers de proximité 08:30 à 12:00 Commerce 16:00 à 19:00
SAM. 27	Réception des marchandises 08:00 à 09:30 Brief de l'équipe, 09:45 Commerce 10:15 à 19:00

Votre agenda en tant que stagiaire de la semaine concernée

GMT+01 – de 07:00 à 20:00

LUN. 22	Réception des marchandises 08:00 à 09:30 Formation à la politique commerciale 10:00 à 12:30 Commerce 16:00 à 19:00
MAR. 23	Jour de repos 08:00 à 20:00
MER. 24	Réception des marchandises 08:00 à 09:30 Commerce 16:00 à 19:00
JEU. 25	Réception des marchandises 08:00 à 09:30 Brief de l'équipe, 09:45 Formation aux techniques du marchandising 10:15 à 12:45 Commerce 16:00 à 19:00
VEN. 26	Réception des marchandises 08:00 à 09:30 Brief de l'équipe, 09:45 Marchandising du rayon décoration 10:15 à 12:30 Marchandising du rayon décoration 13:30 à 16:00 Commerce 16:00 à 19:00
SAM. 27	Réception des marchandises 08:00 à 09:30 Commerce 10:15 à 19:15

Synthèse des réponses des collaborateurs concernés – extrait de données relevées de l'outil collaboratif Doodle

Réunion d'équipe

par Valentyna PIQUOT • il y a quelques 15 minutes • Imprimer

BUT Blois

Une réunion d'équipe

Tous les horaires sont affichés en Europe/Paris

Cochez les cases deux fois pour sélectionner le vote « Oui, si nécessaire »

Tableau **Calendrier**

	avr. 22 LUN. 14:00 15:00	avr. 25 JEU. 14:00 15:00
5 participants +	✓4	✓2
Organisateur	✓	✓
Adrien	✓	
Emma	✓	
Cédric		✓
Jean-Pierre	✓	

ANNEXE 5 Consignes de directeur sur la réunion

Je viens de vous confier la conduite de la prochaine réunion d'équipe. Je compte bien sûr sur votre connaissance dans le domaine. Cependant je souhaiterais vous donner quelques consignes à respecter.

1. Préparer : se poser les bonnes questions
Le succès d'une réunion réside en grande partie dans sa bonne préparation :
- le « quoi » : l'objectif précis et quantifiables de la réunion. Posez-vous la question : « qu'attendez-vous concrètement de cette réunion ? » ;
- le « qui » : demandez-vous par exemple quelle pourrait être l'attente des collaborateurs, mais aussi votre attente par rapport à leur participation ;
- le « comment » : de quelle façon allez-vous procéder ? quels outils ?
Car une réunion de trop, cela signifie perte de temps et frustration pour les participants.

2. Animer : visez l'efficacité
Pour éviter la perte de temps, dites-vous « à quoi doit aboutir notre projet ? » – à la mise en place de nouveau concept BUT. En cas de dérive, vous devez toujours revenir à cet objectif.

Mon bloc-note

5

Fiche Méthode 1

Comment préparer et animer une réunion ?

ENJEUX

- Préparer efficacement la réunion d'équipe
- Mobiliser les outils permettant de favoriser la communication lors de l'animation

PRÉREQUIS

- Avoir vérifié l'utilité de la réunion, avoir défini l'objectif de la réunion

1 Préparer la réunion

Les opérations de stimulation peuvent prendre différentes formes. Le challenge est le plus souvent utilisé, il permet de mobiliser les équipes concernées.

Étapes	Questions à se poser	Commentaire
Définir l'objectif de la réunion	S'agit-il d'une réunion d'information, de décision, de recherche de solution, etc. ?	Le type de réunion choisi découle de l'objectif identifié dès le départ.
Identifier les participants concernés	Qui peut réellement contribuer à l'atteinte de l'objectif ? Qui est concerné directement ou indirectement par l'objet de la réunion ?	La liste des participants et/ou intervenants doit également être dressée.
Préparer la réunion (le contenu, le matériel, etc.)	Quelles questions aborder ? Quels outils utiliser ?	• Élaborer le support de présentation, anticiper les supports d'aide, les documents de travail, le tableau blanc, etc. • Aménager la salle en fonction de la typologie de la réunion, vérifier la disponibilité du matériel nécessaire de projection, sonorisation. • Les conditions de travail doivent être réunies en fonction de la typologie de la réunion : en présentiel ou à distance.
Établir l'ordre du jour	Quel plan pour la réunion ? Par quoi commencer ?	Organiser le déroulement : les différentes phases et les sujets abordés, etc. Les sujets prioritaires doivent figurer dans la première partie de l'ordre du jour. Associer des temps de travail pour chaque phase.
Communiquer l'ordre du jour	Comment mettre au courant l'ensemble des participants de la réunion ?	Informer les personnes concernées par les biais de la convocation (courrier, courriel) et/ou la note de service.

➥ *Exemple d'ordre du jour de la réunion des équipes de la direction RH Auchan*

Auchan DIRECTION NORD RESSOURCES HUMAINES Boulevard d'Halluin 59 223 RONCQ	Ordre du jour de la réunion téléphonique RH		
	Réf : 0812VP	Roncq le 10 mars N	Page 1 sur 1

Origine : Éric Koulyk, coach des responsables des ressources humaines

Destinataires : Responsables des ressources humaines des magasins de la région Nord

Pour information : Directeurs de magasin

Objet : Réunion trimestrielle téléphonique du 4 avril N de 9 h à 11 h

N° tél : 01 72 12 22 53

ORDRE DU JOUR :

- Mutations entre magasins Auchan Grand Nord : Tristan Prudhomme, RRH Amiens
- Formation : l'école des managers : Bénédicte Bisson, responsable formation
- Divers

Cordialement,

Éric Koulyk, signature

Date d'émission

Coordonnées de l'émetteur

Liste des destinataires

Motif de la convocation

Date et heure de la réunion

Sujets à aborder lors de la réunion

Participants concernés par la préparation des sujets

Rappel du nom de l'émetteur

2 Animer la réunion

Étapes	Contenu	Rôles d'animateur de la réunion	Techniques d'animation proposées
Au début de la réunion	Accueil des participants, présentation de l'ordre du jour et de la durée de la réunion.	Mettre à l'aise les participants, avoir une attitude bienveillante.	Si les participants ne se connaissent pas, un tour de table peut être recommandé.
Pendant de la réunion	Présentation des éléments, illustration, approfondissement des sujets abordés, confirmation des décisions prises, planification des réunions à venir.	Faciliter les échanges entre les participants, recentrer les débats sur l'ordre du jour en cas de digression, gérer les incidents.	Questionner, distribuer la parole, utiliser les techniques de créativité : *mindmapping*[1], brainstorming, etc.
Après la réunion	Rédaction du compte rendu reprenant tous les éléments de la réunion.	Diffuser le compte rendu auprès des participants de la réunion, mais également des personnes concernées par les décisions prises.	Les outils numériques et non numériques peuvent être utilisés.

[1] *Mindmapping* (carte heuristique) : représentation visuelle des idées et informations sous forme de carte, composée de sujets principaux, secondaires.

En fonction de ses intentions, le manager opérationnel peut opter pour les différents styles d'animation :

Style	Intentions managériales
Directif	Imposer les idées, des décisions dans le cadre de la réunion d'information descendante.
Participatif	Proposer le cadre ainsi que la méthodologie de travail tout en permettant à tous les participants d'apporter leurs visions du sujet abordé.
Laisser-faire	Ne pas intervenir, laisser la liberté totale aux participants dans le cadre des recherches des idées créatives

Vidéo 2'41

Fiche Méthode 2

Comment préparer et animer un entretien ?

ENJEUX

- Faire le point sur l'activité du collaborateur
- Donner du sens aux missions confiées
- Motiver le collaborateur
- Écouter le collaborateur

PRÉREQUIS

➡ Avoir recueilli les informations nécessaires pour la conduite de l'entretien, avoir établi un guide d'entretien

1 Intégrer l'entretien dans le système de management

L'entretien individuel a une triple importance :

Pour l'entreprise	Pour le manager	Pour le collaborateur
• Échanger sur la fonction en elle-même • Vérifier l'exécution des missions • Évaluer l'atteinte des objectifs et fixer les nouveaux objectifs • Formaliser les décisions prises • Gérer le plan de carrières	• Créer une communication constructive avec les collaborateurs • Créer les conditions de motivation • Décliner la stratégie en actions opérationnelles • Évaluer les performances des collaborateurs • Détecter les compétences à développer	• Clarifier la mission et les attentes • Négocier les objectifs et disposer des moyens nécessaires • Bénéficier d'une évaluation pour assurer son évolution • Créer une communication constructive avec le manager

2 Préparer l'entretien individuel

La démarche à suivre	Les conditions de réussite
• Rassembler tous les éléments nécessaires • Examiner dans quelle mesure les objectifs ont été atteints • Établir la liste des faits[1] qui illustrent les résultats • Remplir une copie du document d'évaluation pour garder une trace de l'entretien • Dresser la liste des points forts et des points faibles qui ressortent de l'analyse • Faire l'inventaire des recommandations et demandes à formuler au cours de l'entretien	• Recueillir des faits tout au long de la période donnée • Programmer à l'avance les entretiens individuels (s – 1 au minimum) • Rappeler aux collaborateurs l'importance de préparer l'entretien • S'assurer que les conditions optimales de l'entretien sont réunies – temps, lieu, disponibilité...

[1] Un fait peut être : une action (l'affichage du dernier compte rendu de la réunion), une suggestion (une proposition de traitement des dossiers), un événement (une organisation d'un séminaire) ou un résultat (une augmentation de x % des parts de marché).

➥ *Exemple de distinction des faits signifiants et des appréciations générales*

Appréciation	Faits significatifs
Manque d'esprit d'équipe.	N'a pas transmis une information importante, freinant ainsi le traitement d'une opération.
S'est montré très disponible.	A reporté une semaine de vacances pour animer une formation, ce qui a permis de ne pas désorganiser le planning de la formation.

3 Animer l'entretien individuel

A. Respecter un déroulé logique

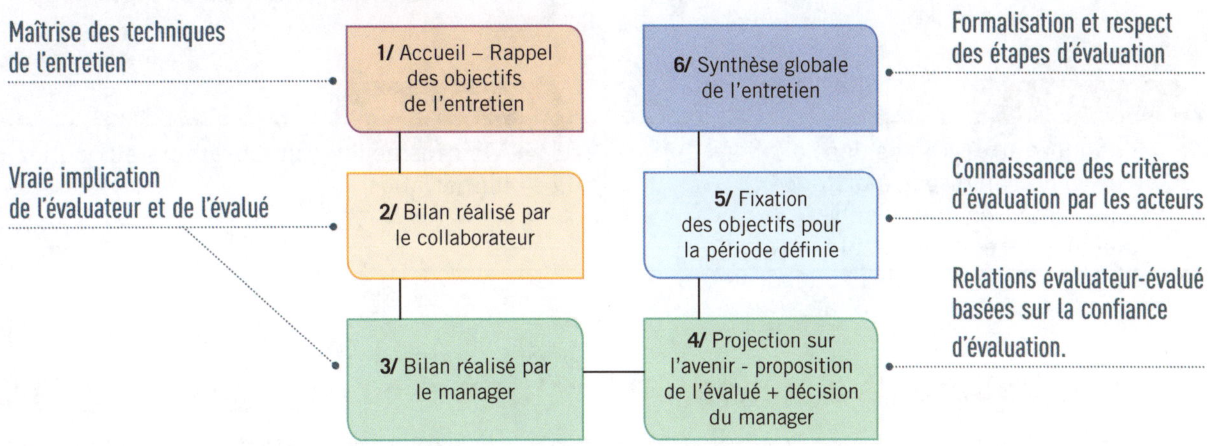

B. Exemple de guide d'entretien

Étapes	Description	Exemple
Accueil	• Créer le climat de confiance • Rappeler les objectifs de l'entretien • Indiquer la durée de l'entretien ainsi que le procédé	*« Bonjour Claire, comment allez-vous ? installez-vous. Comme vous le savez, l'objectif de notre rendez-vous est de… Cet entretien va durer approximativement une heure. Dans un premier temps je vous laisserai la parole et ensuite… »*
Bilan réalisé par le collaborateur	Demander au collaborateur d'exprimer son point de vue sur la période passée (le ressenti, les résultats, etc.)	*« Claire, comment avez-vous vécu cette année / semestre / mois ? »*
Bilan réalisé par le manager	• Exprimer en toute honnêteté l'appréciation générale • Rester objectif (ve) dans votre retour en vous basant sur les faits • Il est important de faire le point par point	*« Pour ma part, je constate que vous avez tenu vos objectifs, et je vous en félicite. Néanmoins j'observe… »* *« Et quant à ce dossier… »*
Projection sur l'avenir	• Interroger le collaborateur sur ses ambitions • Réfléchir ensemble sur le plan d'actions à mettre en place	*« Quelles sont vos aspirations à court terme ? »* *« Je vous propose donc le plan d'actions suivant… »*
Fixation des objectifs pour la période définie	• Fixer les objectifs SMARTER* • Témoigner un double engagement : celui du manager et celui du collaborateur	*« Nous allons définir ensemble 3 objectifs à réaliser sur la période de… »* *« Vous vous engagez à… Et en contrepartie, je m'engage à… »*
Synthèse globale de l'entretien	• Demander au collaborateur son retour sur l'entretien • Conclure l'entretien en soulignant les points clés de celui-ci • Fixer les dates des suivis • Saluer le collaborateur	*« Comment avez-vous vécu cet entretien ? Alors pour résumer, nous avons convenu… Je vous propose de nous rencontrer à nouveau le… afin de faire le suivi des missions confiées. Continuez ainsi, je suis sûr que vous réussirez votre projet professionnel. À très bientôt Claire. »*

* Fiche Repères 3

Vidéo 4'36

Fiche Méthode 3

Comment utiliser les outils numériques pour favoriser le travail collaboratif ?

ENJEUX

- S'adapter aux rythmes des collaborateurs – travailler en direct, à distance, sur les mêmes documents
- Faciliter les échanges et le partage d'informations entre les collaborateurs

PRÉREQUIS

- Avoir formé les collaborateurs aux outils numériques

1 Outils collaboratifs d'édition, de stockage et de partage des fichiers

Quoi ?	Avantages	Inconvénients	Adresse Web
Google Drive est un outil collaboratif permettant d'éditer et partager des fichiers directement en ligne.	• Édition simultanée du document • Tout type de document • Simple d'utilisation	Les fichiers importés sont convertis par Google pour pouvoir les éditer en ligne	https://drive.google.com
	Vidéo 3'55		
Dropbox est un service de partage de fichiers qui permet de synchroniser des dossiers et fichiers entre plusieurs ordinateurs.	• Possibilité de partager des documents avec des personnes qui n'ont pas Dropbox • Simple d'utilisation	• Logiciel à installer • Si un membre supprime un dossier/fichier, celui-ci est supprimé sur tous les appareils	https://dropbox.com
	Vidéo 5'44		
WeTransfer est une application numérique permettant d'envoyer des fichiers volumineux.	• Aucune installation requise • Simplicité et rapidité	Échéances limitées (2 semaines) pour récupérer les fichiers envoyés	https://wetransfer.com
	Vidéo 2'43		

Quoi ?	Avantages	Inconvénients	Adresse Web
Framapad est un outil d'édition de textes en mode collaboratif. Une personne crée un « pad » et partage l'adresse Web avec les collaborateurs.	• Édition simultanée du document • Ne nécessite pas d'inscription • Simple d'utilisation	À court terme, car pas de système d'archives	https://framapad.org
	Vidéo 3'14		
Prezi est outil qui permet de créer des présentations, dynamiques et de manière collaborative.	• Aucune installation requise • Simple d'utilisation • Présentations innovantes	La version gratuite rend les présentations visibles par le public	https://prezi.com
	Vidéo 1'22		

2 Outils collaboratifs de gestion du temps

Quoi ?	Avantages	Inconvénients	Adresse Web
Google Agenda est un outil permettant de créer des agendas en ligne et de les partager avec d'autres personnes.	• Gratuit • Création de plusieurs agendas • Notifications	Nécessite une inscription à Google	https://calendar.google.com
	Vidéo 6'50		
Doodle est un service numérique collaboratif permettant de créer un sondage auprès de tous les collaborateurs afin de définir une date.	• Gratuit • Simple d'utilisation • Ne nécessite pas d'inscription	Afin de s'assurer que chaque participant ne vote qu'une fois, il est nécessaire de régler les paramètres en amont	https://doodle.com
	Vidéo 5'31		

3 Outils collaboratifs de recherche des idées

Quoi ?	Avantages	Inconvénients	Adresse Web
Stormboard est un outil en ligne qui permet de créer et d'organiser simplement un brainstorming collaboratif	• Simple d'utilisation • Système de votes et commentaires • Tchat intégré	Gratuit jusqu'à 5 utilisateurs	https://stormboard.com
	Vidéo 5'03		
Wisemapping permet de créer des *mindmaps* et de les partager avec une ou plusieurs personnes afin de visionner le document, le commenter, ou l'éditer.	Simple d'utilisation Utilisation en ligne	En anglais Nécessite une inscription	https://wisemapping.com
	Vidéo 5'05		

Fiche Méthode 1

Outils collaboratifs pour l'entreprise, la formation et l'éducation : www.scoopt.it

Site web

Fiche Repères 1

La communication managériale

1 Les enjeux

La communication managériale permet aux managers **d'incarner la stratégie** d'entreprise auprès de leurs équipes. Cette communication répond aux objectifs suivants :

- **informer, donner du sens** aux objectifs opérationnels afin de faciliter l'appropriation de la stratégie de l'entreprise ;
- **rassurer, valoriser** les membres de l'équipe, tout en développant le sentiment d'appartenance.

2 Les effets attendus de la communication managériale

Adhésion - Le rôle de manager opérationnel est de faciliter les échanges à tous les niveaux → **Implication** - Le management participatif permet d'impliquer les collaborateurs dans la définition des objectifs, des missions etc.

3 Les outils de communication managériale

La communication managériale est la façon de communiquer du manager. Le choix des outils est très important et dépend des intentions managériales.

Outils	Intentions managériales	Exemples d'utilisation
Entretien individuel	Mettre en place les échanges personnalisés	*Un entretien individuel annuel, un entretien mensuel, etc.*
Réunions (hebdomadaire, mensuel, etc.)	Mettre en place la communication sur un sujet commun, expliquer les objectifs de l'équipe. La cohésion se construit, se renforce lors des réunions.	*La réunion informative, La réunion favorisant l'échange, La réunion décisionnelle*
Newsletter interne	Transmettre l'information de façon régulière à l'ensemble du personnel	*La newsletter doit être représentative de toute l'entreprise. Par exemple des témoignages des salariés peuvent être mis en avant.*
Intranet	Rassembler des informations ou outils utiles pour l'ensemble des collaborateurs.	*Documents officiels, procédures à suivre ou guides pratiques pour les nouveaux employés.*
Affichage	Une affiche placée dans les lieux passants valorise l'information destinée à l'ensemble des collaborateurs.	*Les informations officielles et/ou à forte valeur ajoutée – les plannings de travail.*

CEJM

✔ La communication managériale est à adapter en fonction des styles de management.

Vidéo 1'09

Fiche Repères 2

La communication interne

1 Les enjeux

Les enjeux de la communication interne sont nombreux :

- **donner du sens à l'action**, en transmettant les informations pertinentes et utiles ;
- **écouter son équipe** pour analyser les retours d'informations ;
- **contribuer à la cohésion** de l'équipe et renforcer le sentiment d'appartenance.

2 Les différentes formes de la communication interne

A. Les sens de la communication

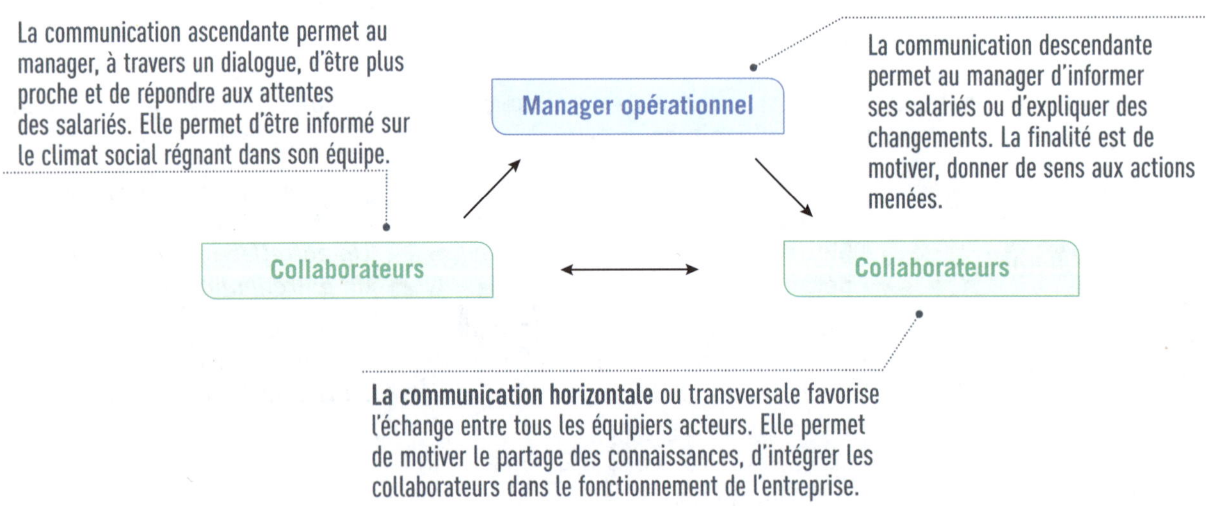

B. Les autres formes de communication

D'autres formes de communication existent dans l'entreprise :

- **la communication unilatérale :** entre un émetteur et un (des) récepteur(s) sans qu'il y ait une réciprocité. La finalité est de transmettre les informations sans échanger ;
- **la communication bilatérale :** entre un émetteur et un (des) récepteur(s) avec des échanges réciproques. La finalité est de partager les points de vue ;
- **la communication informelle :** se fait d'une manière spontanée. Les éléments de la conversation informelle créent un lien social.

C. Les supports de communication

Les supports de communication sont différents et dépendent de l'intention managériale :

Types	Objectif	Exemples d'utilisation
Communication orale	• Favoriser les échanges humains au sein de l'équipe. • Ce type de communication nécessite la présence de l'émetteur et du récepteur. Pour faciliter la communication orale plusieurs supports peuvent être utilisés tel une présentation power point, tableau, graphique, photo…	*L'entretien individuel, la réunion, le groupe de travail, le brief, etc.*
Communication écrite	• Garder les traces de la communication, formaliser les échanges entre le manager et les salariés. • Ce type de communication ne nécessite pas la présence simultanée de l'émetteur et du récepteur.	*Le contrat de travail, la note de service, le mail, le courrier, le dossier, le planning, le schéma, le plan, etc.*

3 Les rituels managériaux de la communication interne

A. La délégation

POURQUOI DÉLÉGUER ?	
• Pour pouvoir mieux gérer son temps • Pour motiver les collaborateurs	• Pour développer les compétences des collaborateurs • Pour encourager l'autonomie

La roue de la délégation :

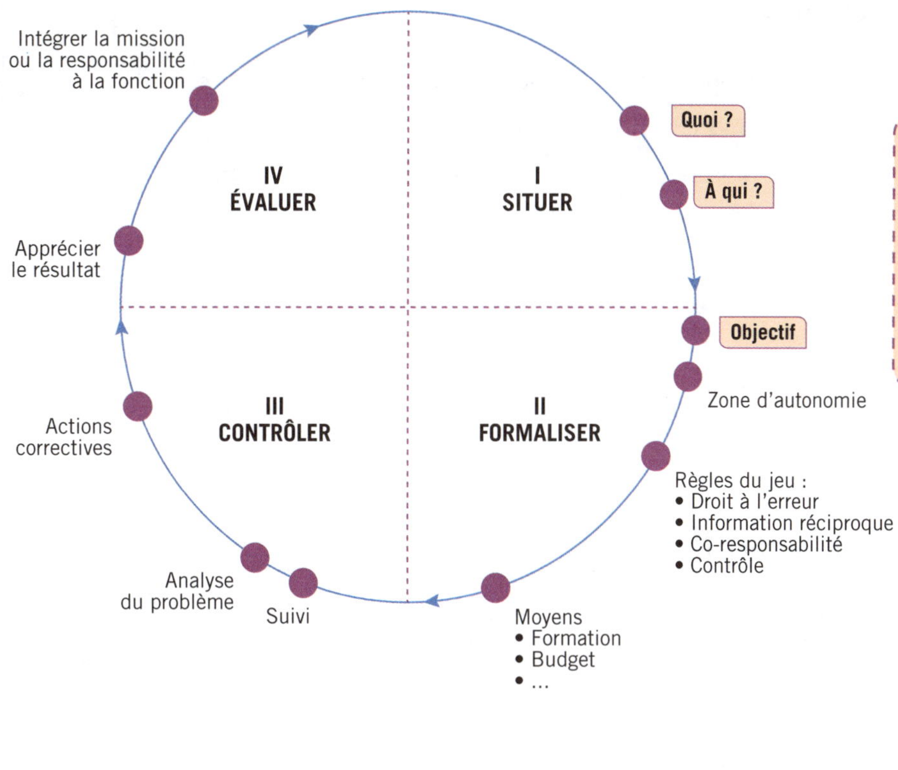

À NE PAS DÉLÉGUER

- La crise
- Les données confidentielles
- La rémunération
- La sanction
- La délégation soi-même

B. Les réunions

Les réunions sont des moments d'échange d'information au sein d'une équipe commerciale.

Types de réunion	Durée	Objectif
Briefing	10-15 minutes	Réunir l'ensemble des membres de l'équipe afin de lancer un événement, une journée, un projet.
Réunion d'équipe (hebdo[1], mensuelle[1], semestrielle[1], etc.)	≈ 60 minutes	Réunir l'ensemble des membres de l'équipe afin de faire le point sur la période écoulée et fixer les objectifs à venir. Les points individuels qui concernent l'ensemble des collaborateurs peuvent se faire également.
Réunion annuelle	2 heures jusqu'à 1 journée[1]	Réunir l'ensemble des membres de l'équipe afin de présenter les résultats annuels et fixer le cap sur l'année +1. Cette réunion vise à créer une cohésion d'équipe.

[1]en fonction de la culture de l'entreprise.

On peut identifier des réunions différentes en fonction de leur contexte :

Réunion de réflexion	Réunion de décision	Réunion d'information	Réunion de formation
• Les collaborateurs s'expriment sur le sujet précis. ➥ *Exemple : sous forme d'un brainstorming*	• Une solution sur un sujet précis (une problématique) est recherchée. ➥ *Exemple : comment augmenter la satisfaction clients ?*	• Communication d'un message qui concerne l'ensemble des collaborateurs. ➥ *Exemple : un changement de la direction*	• Les collaborateurs participent à ce type de réunion dans le but de développer leurs compétences et échanger de bonnes pratiques. ➥ *Exemple : la formation au management*

C. Les différents rôles de l'animateur

Dans le cadre de l'animation de la réunion, le manager peut adopter les rôles différents :

- **facilitateur** – faire participer les membres de l'équipe afin de produire les idées ;
- **régulateur** – répartir la prise de parole des participants d'une manière équitable ;
- **synthétiseur** – résumer les idées, les décisions principales du meeting.

Le rôle du facilitateur est primordial dans le management participatif de proximité. Le manager, en tant que facilitateur, fait naître les idées au sein d'un groupe tout en renforçant la cohésion d'équipe ainsi que la capacité à travailler ensemble.

Le manager facilitateur est garant du bon fonctionnement des réunions de travail. Il s'assure l'atteinte des objectifs en favorisant la participation de tous les collaborateurs concernés.

D. Le leadership

En management, la notion du **leadership** joue un rôle important, car il s'agit de l'influence qu'a un individu, appelé le leader, sur un groupe. Dans un groupe (ou en réunion), le leader (formel ou informel) prend les initiatives et mène les autres membres du groupe autour d'une action collective.

Vidéo
1'58

Le leader est apprécié pour sa capacité à se mettre à la place des autres

Une des compétences les plus demandées du leader

Le leader anticipe les événements à venir, prend des initiatives

Être proactif → Communiquer avec la clarté → Être empathique

↓

Assurer un suivi régulier → Faire preuve d'assertivité → Améliorer la synergie du groupe

En analysant les points faibles, le leader peut renforcer les bonnes pratiques, corriger ce qui ne fonctionne pas

Le leader exprime ses opinions de façon calme, afin d'établir les relations de collaboration

Il est important de vérifier l'impact des décisions prises

4 La prise de décision

Dans l'entreprise, la prise de décision est un acte de communication. Les décisions peuvent être prises par des individus seuls ou par le groupe concerné, dans le cadre d'une réunion ou d'un recueil des avis.

➥ *Exemples*

Un directeur du site décide d'embaucher un chargé d'affaires.

Un comité de direction décide de mettre en place une nouvelle politique commerciale.

Les modes de prise de décision peuvent être les suivants :

Par un accord

➥ ***Exemple***

Une équipe de vendeurs met en place un planning de congés payés en se mettant d'accord entre eux.

Par vote

➥ ***Exemple***

Lors d'une réunion des actionnaires, les décisions stratégiques sont prises par vote de ces derniers.

Par arbitrage d'un leader

➥ ***Exemple***

Une équipe des commerciaux propose les différentes solutions d'une problématique identifiée. La prise de décision finale se fera par arbitrage d'un leader.

Les avantages d'une prise de décision en groupe	Les limites d'une prise de décision en groupe
• Bonne compréhension de la décision prise • Implication importante de la part des participants à l'égard de la décision prise	• Risque d'effacement d'un (des) individu(s) devant la pression du groupe, ce qui peut générer des conflits ou amener à une prise de décision inadaptée

Parcours Entrepreneuriat

« Astuce budget » : pour optimiser les dépenses de déplacement des différents participants, utilisez des réunions sous forme de *webinars*, grâce aux outils tels que Skype, Hangout ou Webex.

Les leviers de l'animation

1 Les enjeux

L'animation de l'équipe vise à créer une cohésion entre les membres. La finalité de l'animation managériale consiste à :

- **mobiliser et fédérer** l'équipe autour des objectifs fixés (des projets, etc.) ;
- **motiver** les membres de l'équipe en les faisant participer ;
- **créer le sentiment d'appartenance**.

2 Les styles d'animation

Paul Hersey et Kenneth Blanchard ont développé la théorie de l'animation situationnelle. Selon eux, les intentions du manager dépendent de 2 éléments :

- **la maîtrise technique :** les connaissances, les savoirs-faire ;
- **la motivation :** l'envie de faire.

Le manager opérationnel doit adapter son style d'animation en fonction du collaborateur (son niveau d'autonomie).

Type de collaborateur	Explications	Styles d'animation
Autonomie forte	Les collaborateurs sont capables de travailler en autonomie	• Animation par la délégation • Donner du sens aux missions confiées
Autonomie modérée	Les collaborateurs ont besoin d'être félicités, encouragés	• Animation par le soutien • Encourager pour renforcer la motivation
Autonomie faible	Les collaborateurs sont enthousiastes, mais n'ont pas toujours la capacité d'atteindre les objectifs en autonomie	• Animation par le coaching • Acquérir les compétences nécessaires lors des formations terrain
Autonomie très faible	Les collaborateurs n'ont pas de compétences, ils ont besoin d'être dirigés	• Animation directive • Donner les consignes précises, mais aussi encourager.

3 Les leviers d'animation

L'animation d'équipe se fait par les biais des axes suivants :

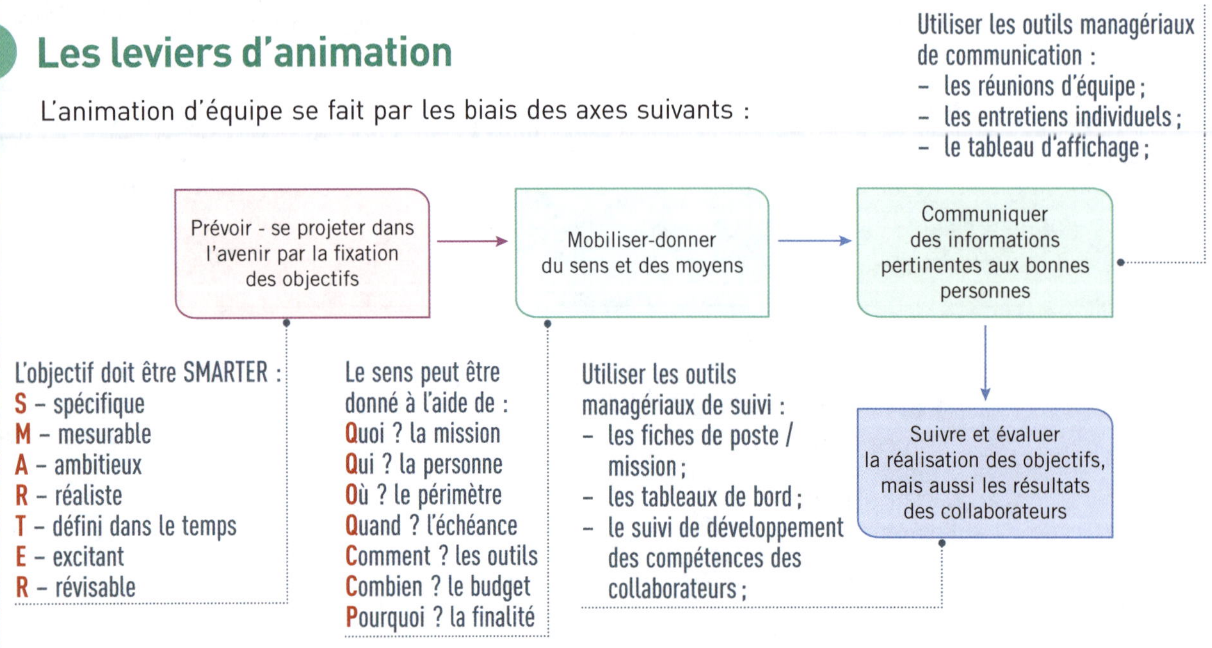

Applications

APPLICATION 1 Utiliser la communication managériale

Vous venez d'intégrer en tant que stagiaire un cabinet de conseil (management) spécialisé dans les TPE et PME. Votre tutrice Marie-Claire vous demande d'étudier plus précisément la notion de la communication managériale.

1 **En vous aidant des données fournies dans le document, identifiez les facteurs clés à prendre en compte dans le cadre de la communication managériale. Qu'en déduisez-vous ?**

2 **Indiquez les outils managériaux à mettre en place dans une TPE sans les coûts supplémentaires.**

Fiche Repères 1

Fiche Repères 2

DOC La communication managériale : un enjeu clé de la transformation

Dites-nous comment se portent vos managers de proximité nous vous répondrons comment se porte votre transformation ! [...] Dès lors, la recette pour que ces derniers deviennent acteurs de la transformation pourrait sembler aisément accessible : délivrer la bonne information au bon moment pour que les managers la relaient à leurs équipes. Dans la réalité, notamment celle que nous analysons quand nous évaluons la communication managériale, c'est une alchimie bien plus complexe qu'il faut mettre en place car la communication managériale ne peut s'épanouir que dans un écosystème dont elle est une des entités, incontournable certes mais pas unique. C'est ainsi que nous pouvons pointer aujourd'hui quatre défis pour une communication managériale fluide et efficiente :

1. Assurer la cohérence stratégique

Le dira-t-on jamais assez : il n'y a pas de transformation sans vision, de son objectif et de ses bénéfices. La transformation se nourrit de sens et c'est pourquoi le chef d'entreprise est attendu dans le cockpit avec le plan de vol « qui va bien ». [..] Parce que la cohérence opérationnelle c'est franchement mieux que les injonctions paradoxales (mêmes implicites) pour mobiliser sa ligne managériale !

2. Établir et valoriser le mandat du manager communicant

C'est l'américain Henry Mintzberg qui théorise que l'activité du manager en le décomposant en 10 rôles répartis sur ces trois niveaux : le contact interpersonnel, la sphère de la décision et de l'action et, celui qui nous intéresse ici, l'information. Le problème est que souvent l'entreprise privilégie, dans ses processus et dans ses rites, la valorisation des deux premiers niveaux au détriment de la casquette de communiquant du manager. [...]

3. Accompagner, outiller et encourager

La communication se nourrit de rites, d'expertises et d'informations. De ce point de vue la communication managériale doit se penser comme un dispositif à part entière. Et point de mystère sur sa réussite : plus les managers seront considérés plus ils seront mobilisés pour relayer les informations, meilleurs seront les outils et fiables et claires les informations à transmettre, meilleure sera la communication qui s'ensuivra. [...]

4. Jouer l'empowerment du manager

[..]. L'empowerment vise à mettre en place un processus par lequel un individu ou un groupe acquiert les moyens de renforcer sa capacité d'action grâce à son autonomie. Si nous l'appliquons au manager communicant nous aurons à cœur d'être sûrs qu'il se soit approprié la vision de l'entreprise, de lui donner l'autonomie suffisante pour la partager avec ses équipes et, *in fine*, qu'il se sente légitime pour accompagner la transformation. [...]

Pierre Chavonnet, http://occurrence.fr, février 2017

Applications

APPLICATION 2 Préparer une réunion

Arnaud vient d'être embauché en tant que chef de projet au sein de la société Nerepix, une agence Web spécialisée dans la création et le référencement de sites Internet. Afin de présenter le lancement d'un nouveau projet, Arnaud souhaite organiser une réunion d'équipe.

1. À partir des éléments relevés dans la vidéo, indiquez les points faibles (la première partie de la vidéo) et les points forts (la deuxième partie de la vidéo) de la réunion présentée.
2. Présentez l'organisation de la réunion en détaillant les étapes, le matériel nécessaire, ainsi que l'attitude du manager à adopter.

Fiche Méthode 1
Fiche Repères 2
Fiche Méthode 3

DOC La réunion

Vidéo 6'19

APPLICATION 3 Sélectionner les candidats

Vous êtes adjoint(e) du directeur d'un magasin de prêt-à-porter pour hommes. Afin de développer les compétences de vos deux collaboratrices (Anne et Noura), vous souhaitez leur déléguer 2 tâches : une qui relève de l'aspect commercial (la mise en place d'une nouvelle tête de gondole) et une autre qui concerne la gestion administrative de l'équipe (la réalisation du planning d'équipe hebdomadaire).

→ Préparez vos prochaines délégations, en utilisant la méthodologie proposée par votre directeur du magasin.

Fiche Repères 2

DOC Note de votre directeur sur la délégation

1. Situer
- Quel sera l'objet de ma prochaine délégation ?
- Quelles seront les décisions vraiment déléguées ?
- Quelles sont mes motivations pour cette délégation ?
- À quelles conditions pourrai-je déléguer en confiance ?

2. Formaliser
- Quel est l'objectif à atteindre ?
- Sur quels indicateurs de réussite puis-je me baser ?
- Quelles sont les principales étapes échéancées à préciser ?
- Quelles ressources dois-je rendre accessibles à l'intéressé ?
- Comment suivre cette délégation sans interférer ?

3. Contrôler
- Quel sera mon niveau de disponibilité ?
- Quelles marges d'erreur sont tolérables ?
- Que ferai-je en cas d'échec ?

APPLICATION 4 Conduire un entretien individuel

Vous travaillez en tant que responsable d'une agence de travail temporaire depuis 1 an. Vous dirigez une équipe de 3 personnes (les chargées d'affaires). Vous venez de finaliser la formation « Préparer et animer l'entretien individuel » où vous avez découvert l'outil numérique Backfeed.

1. En tant que collaborateur, préparez votre entretien à partir de la plateforme Backfeed et le document proposé.
2. En binôme, jouez l'entretien individuel en adaptant le guide d'entretien de la plateforme Backfeed et de la fiche méthode 2.

Fiche Méthode 2

Retrouvez l'outil numérique de la conduite des entretiens individuels (l'inscription gratuite est obligatoire) : backfeed.com

Site web

DOC. Suivi des objectifs

Collaborateur	Objectif			Réalisé			Écart		
	Prises de RDV	Entretiens menés	Contrats signés	Prises de RDV	Entretiens menés	Contrats signés	Prises de RDV	Entretiens menés	Contrats signés
Anne-Sophie, 35 h	8	10	7	9	8	5	+ 1	– 2	– 2
Tatiana, 30 h	6	7	5	6	8	6	0	+ 1	+ 1
Chrystelle, 30 h	6	7	5	3	3	2	– 3	– 5	– 2

Applications

APPLICATION 5 Animer l'équipe commerciale

En tant que directeur(trice) adjoint(e) d'un réseau de pépinières dans l'est de la France, vous managez une équipe de 30 personnes. Les résultats du réseau sont très satisfaisants, votre enseigne ne cesse à augmenter ses parts du marché. La conjoncture externe est aussi favorable.
Vous désirez mettre en place des projets permettant de placer les clients au cœur de la politique commerciale de l'établissement. Inspiré(e) des exemples d'autres secteurs d'activité, vous souhaitez solliciter vos équipes afin de les impliquer davantage dans l'élaboration des projets.

1. **Proposez les modalités de communication avec votre équipe : quoi, qui, comment, pourquoi etc.**
2. **Indiquez un (ou plusieurs) levier(s) d'animation pertinent dans la situation. Illustrez votre réflexion en précisant le style d'animation à adopter.**
3. **Citez les outils collaboratifs à mettre en place dans le cadre de l'animation choisie pour faciliter l'adhésion de l'équipe au projet collectif.**

Fiche Repères 2
Fiche Repères 3
Fiche Méthode 3

DOC Mettre le client au cœur des actions commerciales

1. Engager au maximum sa communauté – Sephora

[...] L'entreprise ne se contente pas de vendre des produits de beauté à ses clients : elle leur offre également des espaces communautaires où ils peuvent discuter et s'échanger des conseils. [...]
Pour récompenser ses clients les plus fervents – ceux qui engagent avec la marque sur les réseaux sociaux, ceux qui achètent régulièrement –, ils ont mis en place un **programme de fidélité personnalisé**, qui leur propose des offres spéciales selon leurs goûts et besoins [...].

2. Éduquer ses clients pour les faire acheter – Leroy Merlin

Le marketing relationnel de Leroy Merlin est basé sur *l'inbound* marketing, avec notamment une plateforme proposant des tutoriels vidéo à destination des bricoleurs.

Ces vidéos informatives mettent en scène les produits de la marque et permettent à leurs clients de mieux en comprendre leur fonctionnement et utilité, tout en les éduquant sur des notions de bricolage.
Les personnes intéressées s'informent facilement et peuvent mieux cibler leurs besoins avant d'acheter [...].
On parle ici de gestion de la relation client car elle vient supplémenter leur stratégie de marketing relationnel : envoi d'emails, promotions, site e-commerce en plus de leurs boutiques physiques [...].

https://fr.sendinblue.com, 31 août 2018.

Thème 3

6 Accompagner et motiver l'équipe

COMPÉTENCES
→ Accompagner et motiver l'équipe
→ Repérer les besoins en formation
→ Participer à la formation des collaborateurs
→ Favoriser l'implication des collaborateurs

LE CAS
Auchan Supermarché

FICHE MÉTHODE 1
Comment organiser une opération de stimulation de l'équipe ?

FICHE MÉTHODE 2
Comment concevoir le plan de développement des compétences ?

FICHE MÉTHODE 3
Comment analyser un bulletin de salaire ?

FICHE REPÈRES 1
Les moyens de stimulation

FICHE REPÈRES 2
Le plan de développement des compétences

FICHE REPÈRES 3
Les différentes composantes d'un système de rémunération

APPLICATIONS

LE CAS AUCHAN SUPERMARCHÉ

- **Valeurs et vocation**
Proximité, confiance, simplicité, passion
- **Unité Commerciale**
Auchan supermarché Massieux
- **Localisation**
14 rue Lavoisier – Parc d activité de Massieux, 01600 Massieux
- **Horaires ouverture**
Ouvert du lundi au samedi de 8 h 30 à 20 h 00 et le dimanche de 8 h 30 à 12 h 30
- **Tranche d'effectif salarié**
20 à 49 salariés

- **Activité**
Auchan Holding réunit 3 entreprises autonomes : le commerce avec Auchan Retail, la banque avec Oney et l'immobilier commercial avec Ceetrus.
- **Chiffres clés**
– 51,7 Mds d'euros de chiffre d'affaires HT en 2017
– 3 715 points de vente sous enseignes
– 17 pays d'implantation

Vidéo 1'56

6 LE CAS AUCHAN SUPERMARCHÉ

La directrice, Alice Nicolas, dirige le magasin depuis son ouverture en 2006. Son équipe est composée de 2 chefs de rayon et 28 collaborateurs. Suite à l'analyse des indicateurs de performance du magasin, la directrice constate une activité commerciale en berne, cette tendance se confirme sur le niveau national.

→ **Vous avez été recruté(e) en tant que directeur(trice) adjoint(e). Afin de vous impliquer, Mme Alice Nicolas vous demande de participer au redressement des résultats de son magasin.**

MISSION 1 Motiver et stimuler l'équipe commerciale

Annexes 1 à 3

Alice Nicolas a réalisé une analyse des causes de la baisse d'activité, par le biais notamment d'un baromètre interne de satisfaction. Selon elle, un des facteurs clés est lié à l'équipe commerciale : la routine, le manque de motivation, etc. Les résultats du dernier baromètre interne le confirment. En tant que directeur(trice) adjoint(e), vous proposez de travailler sur la motivation de l'équipe.

1. Analysez les résultats du baromètre en indiquant les sources de satisfaction et d'insatisfaction des équipes du magasin.
2. Présentez les actions de stimulation que vous pourriez mettre en place. Précisez les leviers de stimulation ciblés.
3. Analysez le système de rémunération actuel (points forts et points faibles).
4. Proposez des éléments de gratification des collaborateurs en prenant en compte les impératifs de performance du magasin et les aspirations de la direction du site.

Fiche Repères 1 — Fiche Méthode 1
Fiche Repères 3 — Fiche Méthode 3

Vous décidez de mettre en place un challenge collectif sur une période d'un mois.

5. Justifiez votre choix du challenge.
6. Proposez un déroulement détaillé du challenge.
7. Indiquez l'impact du challenge sur l'activité de l'unité commerciale.

Fiche Méthode 1

MISSION 2 Former les collaborateurs

Annexes 4 à 6

Très satisfaite des propositions que vous avez réalisées en matière de stimulation de l'équipe, Alice Nicolas vous sollicite pour travailler le développement des compétences de l'équipe du secteur non-alimentaire (textile, bazar, électro-ménager).

8. Appréciez les points forts et les axes d'amélioration de l'équipe en général et de chacun de ses membres.
9. Établissez un plan de formation de chaque membre de l'équipe pour l'année N+1, en tenant compte des contraintes budgétaires.
10. Concevez un questionnaire de satisfaction à faire remplir par les stagiaires en fin de session de formation.

Fiche Repères 2 — Fiche Méthode 2

AUTO-ÉVALUE-TOI !

	🙂	😐	☹
Les outils de stimulation sont mis en œuvre à bon escient.			
Les besoins en formation sont correctement repérés.			
La démarche de formation est efficace.			

ANNEXE 1 Synthèse des résultats du baromètre interne de satisfaction Auchan supermarché Massieux

Facteurs de satisfaction et de bien-être au travail		Taux de satisfaction
Votre magasin Auchan Supermarché propose des conditions de travail satisfaisantes.		89 %
Le travail que vous faites est en adéquation avec vos missions, votre fiche de poste.		97 %
Votre charge de travail est compatible avec votre temps de travail.		65 %
La répartition des charges de travail est satisfaisante.		60 %
Au quotidien, vous disposez des outils nécessaires pour réaliser votre travail.		78 %
Qualité des relations internes dans le cadre de votre travail	Avec vos collègues au sein de votre service, votre équipe	56 %
	Avec votre manager	57 %
	Avec vos collègues des autres services	42 %
	Avec les représentants du personnel	67 %
Politiques internes RH	En termes de rémunération	78 %
	En termes des avantages en nature	87 %
	En termes de formation (je suis formé(e) pour être efficace dans mon travail)	76 %
Mon manager	Est disponible (accessible).	77 %
	Est à l'écoute des salariés, favorise le dialogue.	52 %
	Donne la possibilité de prendre des initiatives.	55 %
	Est cohérent(e) entre ses paroles et ses actes.	71 %

ANNEXE 2 Système de rémunération au sein du groupe Auchan

Les magasins Auchan sont signataires de la convention collective de commerce de détail à prédominance alimentaire.

- Les avantages des salariés Auchan : le salaire fixe, le système de primes (pour les employés les primes collectives et pour les cadres les primes collectives et individuelles). Aux primes peut s'ajouter une prime d'intéressement calculée sur les résultats annuels de l'enseigne, mais également le système d'actionnariat.
- Les avantages en nature existent aussi : les tickets restaurant, la complémentaire retraite, la mutuelle, la prévoyance, les possibilités de crèche, le parking, les chèques vacances, les tickets cinéma, les chèques cadeaux, etc.

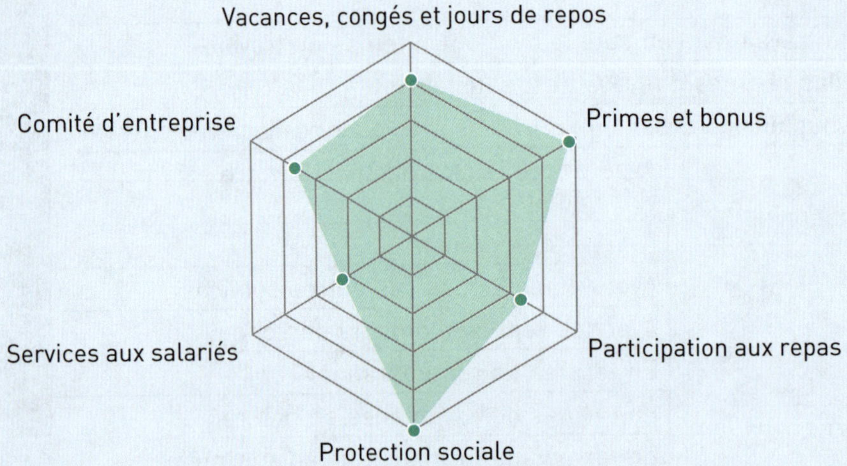

Les grilles de salaires sont à croiser avec les compléments de rémunération.
Différents types de primes s'additionnent pour le calcul du salaire réel.
D'autre part, la direction du magasin n'a pas mené les opérations ponctuelles de stimulation 2 dernières années.

www.avantage-entreprise.com

ANNEXE 3 Valeurs du groupe Auchan

Proximité
Être à vos côtés et à votre écoute avec un service client situé dans nos locaux, à proximité des équipes.

Simplicité
Faire de votre shopping un instant de plaisir sans contrainte avec un site accessible et convivial.

Confiance
Vous proposer la qualité, les meilleurs prix et des services dignes d'une grande enseigne, pour un shopping en toute sérénité.

Passion
Vous accompagner au cœur de vos achats avec des équipes passionnées par leurs produits et leur métier.

www.auchan.fr

ANNEXE 4 **Extrait des entretiens individuels du secteur non-alimentaire**

Compétence générale	Sonia, 35 heures, 15 ans d'ancienneté 			
Sécurité	Débute	Occupe	Maîtrise	Domine
Déchargement du camion		X		
Rangement			X	
Commerce	Débute	Occupe	Maîtrise	Domine
La règle de 5P : propreté, prix, plein, promotion, présence				X
Connaissance des produits				X
Outils d'aide à la vente				X
Gestion des ruptures			X	
Dynamisme commercial				X
Relation clients	Débute	Occupe	Maîtrise	Domine
Accueillant, disponible				X
SBAM			X	
Offres de financement		X		
Offres de service		X		
Comportement	Débute	Occupe	Maîtrise	Domine
Autonomie				X
Ponctualité, implication				X

Compétence générale	Hakan, 35 heures, 2 ans d'ancienneté 			
Sécurité	**Débute**	**Occupe**	**Maîtrise**	**Domine**
Déchargement du camion				X
Rangement			X	
Commerce	**Débute**	**Occupe**	**Maîtrise**	**Domine**
La règle de 5P : propreté, prix, plein, promotion, présence			X	
Connaissance des produits			X	
Outils d'aide à la vente	X			
Gestion des ruptures			X	
Dynamisme commercial				X
Relation clients	**Débute**	**Occupe**	**Maîtrise**	**Domine**
Accueillant, disponible				X
SBAM			X	
Offres de financement		X		
Offres de service		X		
Comportement	**Débute**	**Occupe**	**Maîtrise**	**Domine**
Autonomie				X
Ponctualité, implication				X

Compétence générale	**Romain, 20 heures, 6 mois d'ancienneté** 			
Sécurité	Débute	Occupe	Maîtrise	Domine
Déchargement du camion		X		
Rangement	X			
Commerce	Débute	Occupe	Maîtrise	Domine
La règle de 5P : propreté, prix, plein, promotion, présence		X		
Connaissance des produits		X		
Outils d'aide à la vente	X			
Gestion des ruptures		X		
Dynamisme commercial	X			
Relation clients	Débute	Occupe	Maîtrise	Domine
Accueillant, disponible			X	
SBAM		X		
Offres de financement	X			
Offres de service	X			
Comportement	Débute	Occupe	Maîtrise	Domine
Autonomie	X			
Ponctualité, implication			X	

ANNEXE 5 Contraintes budgétaires

Le secteur non alimentaire dispose annuellement d'un budget destiné à la formation d'un montant de 1 500 € (+/– 10 %). Ce budget est uniquement destiné à payer les modules de formation suivis par les salariés. L'univers PAM dispose d'un crédit temps pour la formation de 5 jours par collaborateurs sur l'année. Le remplacement des salariés en formation se fait par recours à un ou plusieurs salariés d'autres univers sur la base de 7 jours maximum.

ANNEXE 6 Extrait de l'offre de formation du groupe Auchan

Les formations sont assurées par des managers du groupe Auchan. Elles regroupent des salariés de magasins de la même région. Les formations (y compris) e-learning se font sur le temps de travail.

Catalogue de formation	
Module 1 – Théâtralisation des rayons	Module 2 – Vendre
Durée : 2 jours* + 3 h 30	Durée : 3 jours*
En présentiel + e-learning	En présentiel
Coût : 300 € par participant	Coût : 500 € par participant
Thèmes : • les techniques de merchandising • la fidélisation • l'adéquation besoins clients et zone de chalandise • l'animation d'un rayon	Thèmes : • les techniques d'accueil : 4 x 20, SBAM • les profils des clients • l'argumentaire de vente, des objectifs • le discours personnalisé
Module 3 – Sécuriser l'espace de vente	Module 4 – Connaître le produit
Durée : 4 heures	Durée : 2 jours*
e-learning	En présentiel
Thèmes : • la classification des risques • les différents risques liés aux produits • les bonnes pratiques	Coût : 300 € par participant
	Thèmes : • construire un argumentaire • les caractéristiques des produit (textile, bazar, EM) • les marques et les conditionnements proposés

*1 jour = 7 heures

Mon bloc-note

6

Fiche Méthode 1

Comment organiser une opération de stimulation de l'équipe ?

ENJEUX

- Mettre en place les outils de stimulation appropriés
- Mobiliser les outils permettant de favoriser la stimulation de l'équipe

PRÉREQUIS

- Avoir pris en compte les facteurs de motivation des membres de l'équipe, ainsi que les critères internes (la culture de l'entreprise, la politique interne des ressources humaines)

1 Prendre en compte les critères de choix

S'agit-il de l'équipe d'un service, du point de vente ou du réseau ? → Taille de l'équipe concernée

S'agit-il d'actions opérationnelles ou stratégiques ? → Ampleur de l'opération de stimulation

S'agit-il du budget de l'organisation et/ou de la gratification ? → Budget accordé

2 Distinguer les différentes techniques de stimulation

Techniques de stimulation	Description	Exemple
Challenge	Le challenge peut être collectif (entre les équipes du magasin ou du réseau) et/ou individuel au sein d'une équipe commerciale. La finalité est de créer une dynamique de compétition permettant de contribuer à la progression des indicateurs de performance.	*Mise en place de challenges régionaux entre les points de vente. Les équipes s'affrontent pour obtenir le meilleur résultat en termes de progression du CA.*
Événementiel	Les collaborateurs de l'enseigne peuvent être invités à participer à un événement afin de les gratifier et remercier pour le travail accompli.	*Proposition d'événements : voyages, visite de parcs d'attraction, concert, événement sportif, etc.*
Opération de team-building	L'opération de stimulation vise à rassembler les collaborateurs en dehors de leur cadre de travail. Les actions de team building sont variées : culturelles, sportives, artistiques, etc.	*L'activité choisie doit être adaptée aux participants. Chez Décathlon, les opérations de team-building sportif sont régulières : olympiades sportives, parcours de combattant.*
Grands rassemblements : séminaire, congrès, etc.	Ce type de rassemblement (souvent au niveau régional / national) vise à communiquer un message fédérateur qui sera ensuite déployé à toutes les équipes.	*Le séminaire sert à faire collaborer les salariés autour des sujets précis (ex. : comment créer les effets waouh). Le congrès vise à diffuser des informations stratégiques (ex. : lancement de l'année).*

3 Organiser une opération de stimulation de l'équipe

Les opérations de stimulation peuvent prendre différentes formes. Le challenge est le plus souvent utilisé, il permet de mobiliser les équipes concernées.

Étapes	Explication
Définir l'objectif de l'opération de stimulation	Dans la définition des objectifs, le manager opérationnel doit tenir compte de la stratégie de l'enseigne. Afin de mener efficacement l'opération de stimulation, les objectifs fixés doivent être spécifiques, mesurables, ambitieux mais réalistes.
Identifier l'organisation de l'opération de stimulation	• Les questions à se poser : ▪ sur quel périmètre ? ▪ sur quelle durée ? ▪ selon quelles modalités d'évaluation : challenge individuel ou collectif ? choix des équipes, si collectif, résultat minimum ? principe de classement ? etc. • Il est fortement conseillé d'élaborer une grille d'évaluation et donc de gratification du challenge. ➡ *Exemple : le classement des meilleurs permet de récompenser les 3 premiers gagnants /chacun gagne si l'objectif fixé est atteint, etc.* • La rédaction du règlement du challenge est à prévoir : vérification de l'aspect légal, affichage du règlement…
Communiquer l'opération de stimulation	Afin de créer la dynamique positive de l'opération de stimulation, le manager opérationnel doit mettre en place la communication appropriée : diffusion de la mise en place de l'opération, brief du matin, réunion d'équipe, intranet, affichage dans la salle de pause, sur le tableau informatif, newsletter, etc.
Animer l'opération de stimulation (ou faire animer)	• L'opération de stimulation nécessite un suivi régulier des résultats, il est donc important de prévoir la communication sur son avancement et les résultats intermédiaires. • Le manager opérationnel doit être présent et apporter le soutien nécessaire à son équipe (par le biais de félicitations, etc.)
Évaluer l'opération de stimulation	• Une fois l'opération de stimulation terminée, le manager peut procéder à l'analyse des résultats. Il communique les résultats à son équipe par le biais d'une réunion (ou brief), tout en mettant en avant les gagnants. La remise des prix peut être organisée en même temps. • Le travail managérial ne s'arrête pas à cela, car il est important d'analyser l'impact de l'opération de stimulation sur l'unité commerciale (les retombées du challenge) et son équipe (le développement des compétences, etc.). • Cette action vise également à identifier les bonnes pratiques afin de les mettre en place.

Vidéo 0'43

Fiche Méthode 2

Comment concevoir le plan de développement des compétences ?

ENJEUX

- Repérer les besoins en formation
- Intégrer les intentions stratégiques de l'enseigne
- Participer au développement des compétences des collaborateurs

PRÉREQUIS

- Avoir recueillis les besoins individuels et collectifs, avoir pris en compte les orientations stratégiques de l'enseigne, ainsi que des politiques RH (et plus spécifiquement celle de la formation)

1 Construire le plan de développement des compétences

Le plan de développement des compétences remplace le plan de formation. Cet outil managérial recense les actions mises en place par l'employeur. Dans ce document, les choix opérationnels et budgétaires sont traduits en termes de formations.

Étapes	Actions
En amont	• Recueil des besoins en formation individuels et collectifs par le biais des entretiens individuels d'évaluation • Prise en compte les orientations stratégiques de l'entreprise afin de garder le cap. Les modalités de la politique de formation sont à respecter également.
Élaboration du plan de développement des compétences	• Analyse des besoins récoltés et arbitrage (si nécessaire). • Mise en commun au niveau de l'unité commerciale (l'ensemble des managers opérationnels, le directeur du site, le responsable ressources humaines, etc.). • La direction du site, avec le responsable RH, présente le plan de développement des compétences des collaborateurs au CSE[1].
Validation du plan de développement des compétences et sa communication	Une fois que le plan de développement des compétences est validé par l'ensemble des protagonistes, le manager opérationnel communique les décisions validées, en réunion pour les formations collectives et lors des entretiens individuels pour les formations individuelles.

[1] CSE : comité social et économique. Instance représentative du personnel qui remplace les anciennes instances représentatives suivantes : délégués du personnel, comité hygiène sécurité et conditions de travail et comité d'entreprise.

Fiche Méthode 2

Focus **Réforme de la formation professionnelle 2018 : le plan de développement des compétences**

Les formations obligatoires se déroulent obligatoirement sur le temps de travail.

L'allocation formation est supprimée pour les formations hors du temps de travail.

Le financement du plan de compétences est assuré par les contributions légales de toutes les entreprises mais, à l'avenir, seules les entreprises de moins de 50 salariés en bénéficieront.

Articles L 6313-2 et 6353-1.

2 Classer les actions de formation

Classer les actions de formation permet de définir leurs modalités.

Actions du plan de développement des compétences	
Catégorie 1	**Catégorie 2**
Actions d'adaptation au poste de travail ou liées à l'évolution ou au maintien dans l'emploi	Actions de développement des compétences
À l'initiative de l'employeur ou sur demande du salarié, avec acceptation de l'employeur	

Catégorie 1 :
- Sur le temps de travail
- Rémunération habituelle

Catégorie 2 :
- Sur le temps de travail ET/OU hors temps de travail
- Rémunération habituelle ET/OU versement de l'allocation formation[1]

Mobilisation possible des heures acquises au titre du CPF

[1] L'allocation formation est égale à 50 % du salaire net de référence calculé sur les 12 derniers mois, elle est exonérée de cotisations sociales.

Une fois les formations décidées et catégorisées, le plan de compétence peut-être complété avec les coûts prévisionnels.

➥ *Exemple d'élaboration du plan de développement des compétences*

Actions de formation	Objectif (à l'issu de la formation, les stagiaires seront capables de...)	Collaborateurs concernés		Durée	Agenda	Coût prévisionnel		
		Nom, prénom	Poste occupé	En heure	Mois, année	Salaire brut	Support pédagogique	Frais
Catégorie 1								
Connaissance des produits	Présenter les caractéristiques techniques	Hakim Derex	Vendeur	7 h	Octobre N	1 450 €	0 €	0 €
...								
Catégorie 2								
Connaissance de soi	Identifier les talents personnels	Alice Ange	Manager segment	14 h	Mars N	2 200 €	150 €	500 €
...								
Total				X h		X €	X €	X €

CEJM

L'élaboration du plan de développement des compétences fait partie de la gestion prévisionnelle de l'emploi et des compétences (GPEC) du personnel.

Comment analyser un bulletin de salaire ?

ENJEUX

- Lire un bulletin de salaire
- Respecter les mentions obligatoires

PRÉREQUIS

- Avoir défini les différentes composantes de la rémunération : la partie fixe, variable, en nature, etc.

1 Lire les éléments du bulletin de salaire

Des éléments d'information sur le salarié

- **A/** Nom emploi du salarié, position dans la classification
- **B/** Période et nombre d'heures[1] effectuées par le salarié
- **C/** Avantages en nature soumis aux cotisations salariales
- **D/** Données relatives aux congés payés

Des éléments d'information sur l'entreprise

- **E/** Nom, adresse de l'employeur
- **F/** Numéro de SIRET, réference URSSAF de rattachement
- **G/** Intitulé de la convention collective applicable
- **L/** + mention incitant le salarié à conserver la fiche de paie

Des éléments de calcul

- **H/** Montant du salaire brut
- **I/** Montants de cotisation salariales et des contributions CSG[2], CRDS[3]
- **J/** Montant net à payer, ainsi que la date de paiement
- **K/** Montants de cotisations patronales[4]

[1] **À distinguer** : forfait de base, heures supplémentaires, majoration des heures de nuit ou jour férié, primes, etc.

[2] **CSG** : contribution sociale généralisée. Prélèvement obligatoire qui participe au financement de la Sécurité sociale, et, depuis 2018, de l'assurance chômage, à la place des cotisations prélevées sur les salaires.

[3] **CRDS** : contribution à la réduction de la dette sociale permettant de résorber l'endettement de la Sécurité sociale.

[4] Ces cotisations sont destinées à financer :

L'assurance maladie, l'assurance vieillesse, les accidents de travail => URSSAF	L'assurance chômage => ASSEDIC La prévoyance, la retraite complémentaire => AGIRC, ARCOO	La formation => FORCO

Vidéo 3'20

CEJM

Le bulletin de salaire ne doit pas mentionner l'exercice du droit de grève, ni des fonctions de représentant du personnel. La nature et le montant de la rémunération liés à l'activité de représentant du personnel doivent figurer sur une fiche annexée au bulletin.

Le prélèvement à la source est entré en vigueur le 1er janvier 2019. À compter de cette date, le bulletin de paie des salariés indique l'assiette et le taux du prélèvement, le montant versé ainsi que le montant du salaire qui aurait été versé avant prélèvement.

➥ *Exemple*

Nom entreprise et ses informations relatives

Prénom, nom salarié

Période concernée

Détails de la rémunération

Salaire brut

Cotisations salariales

Cotisations patronales

Nombre d'heures effectuées

Salaire net à payer

Mention incitant à conserver la fiche

BULLETIN DE PAIE
EN EUROS

SOCIÉTÉ X SAS
14 RUE AUBER
75009 PARIS

DEBUT DE PÉRIODE	01 JANVIER 2018
FIN DE PÉRIODE	31 JANVIER 2018
DÉBUT DU CONTRAT	01 JANVIER 2018
DATE D'ANCIENNETÉ	01 JANVIER 2018
N° DE SÉCURITÉ SOCIALE	290111111111111

N° SIRET : 82029701800013 N° APE : 6202A
CONVENTION COLLECTIVE : INDUSTRIES CHIMIQUES ET CONNEXES
LIEU DE PAIEMENT DES COTISATIONS SOCIALES :
URSSAF ILE-DE-FRANCE
22 RUE DE LAGNY
93518 MONTREUIL CEDEX

JULIE MARTIN -- BULLETIN DÉTAILLÉ
45 RUE DES COQUELICOTS
53000 LAVAL

CLASSIFICATION: CATEGORIE: EMPLOI:	SALARIÉ - NON CADRE AGENT DE MAÎTRISE / TECHNICIEN - 300 CHEF DE PROJET	MINIMUM COEFFICIENT: RÉMUNÉRATION TOTALE DU MOIS:	2 243,68 2 243,68	SALAIRE DE BASE: DUREE MENSUELLE: TAUX HORAIRE:	2 243,68 151.67 h 14,7935

DÉSIGNATION	NOMBRE OU BASE	TAUX OU %	MONTANT À AJOUTER	MONTANT À DÉDUIRE	COTISATIONS PATRONALES TAUX OU %	COTISATIONS PATRONALES MONTANT
Salaire de base	151,67	14,7935	2 243,68			
Salaire brut (1)			2 243,68			
URSSAF						
Assurance maladie	2 243,68				13,000	291,68
Vieillesse plafonnée	2 243,68	6,900		154,81	8,550	191,83
Vieillesse déplafonnée	2 243,68	0,400		8,97	1,900	42,63
Allocations familiales	2 243,68				3,450	77,41
Accident du travail	2 243,68				10,000	224,37
FNAL	2 243,68				0,100	2,24
Solidarité autonomie	2 243,68				0,300	6,73
Versement transport	2 243,68				2,500	56,09
Contribution au dialogue social	2 243,68				0,016	0,36
CSG déductible	2 204,42	6,800		149,90		
CSG non déductible	2 204,42	2,400		52,91		
CRDS non déductible	2 204,42	0,500		11,02		
Réduction de cotisations						
Réduction Fillon	72,25				-100,000	-72,25
Assurance Chômage						
Chômage	2 243,68	0,950		21,31	4,050	90,87
AGS	2 243,68				0,150	3,37
Retraite complémentaire						
AGFF | Tranche 1	2 243,68	0,800		17,95	1,200	26,92
Complémentaire | Tranche 1	2 243,68	3,100		69,55	4,650	104,33
Autres cotisations et taxes						
Taxe d'apprentissage	2 243,68				0,680	15,26
Formation professionnelle	2 243,68				0,550	12,34
COTISATIONS SALARIALES (4)				486,42		
COTISATIONS PATRONALES						1 074,18

CALENDRIER	
01/01/2018 AU 31/01/2018	
JOUR	INCIDENT
L 01	JF
M 02	
M 03	
J 04	
V 05	
S 06	
D 07	
L 08	
M 09	
M 10	
J 11	
V 12	
S 13	
D 14	
L 15	
M 16	
M 17	
J 18	
V 19	
S 20	
D 21	
L 22	
M 23	
M 24	
J 25	
V 26	
S 27	
D 28	
L 29	
M 30	
M 31	
JF	JOUR FÉRIÉ

REVENUS EN EUROS DU MOIS	
BRUT IMPOTS	2 243,68
DONT AVANTAGES NATURE	
REVENU IMPOSABLE	1 821,19

NET À PAYER 1 + 2 + 3 + 4 EN EUROS	CHÈQUE	1 757,26
DATE DE PAIEMENT		31 JANVIER 2018

	ACQUIS	PRIS	SOLDE
CP N-1	0,00	0,00	0,00
CP N		0,00	2,50

COMMENTAIRES
Cumuls depuis le 1er janvier 2018 : net imposable 1 821,19 € salaire brut 2 243,68 € heures réellement travaillées 154h.

Nous vous recommandons de conserver votre bulletin de paie sans limitation de durée.

Fiche Repères 1

Les moyens de stimulation

La motivation est une force intérieure qui incite la personne à agir afin d'atteindre les objectifs.

Les enjeux sont les suivants :

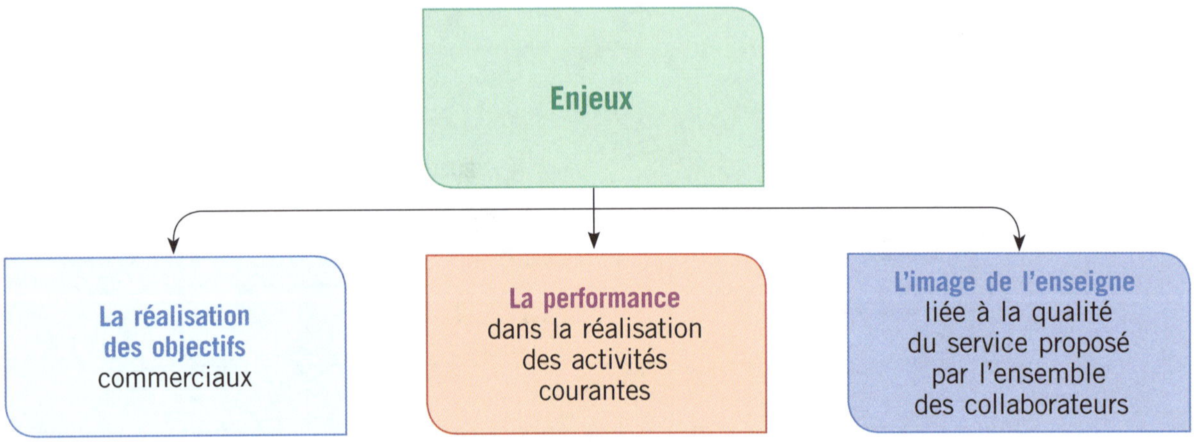

1 Les facteurs de motivation

Les travaux de Maslow (1954) permettent d'identifier les besoins humains par ordre d'importance en 5 niveaux.

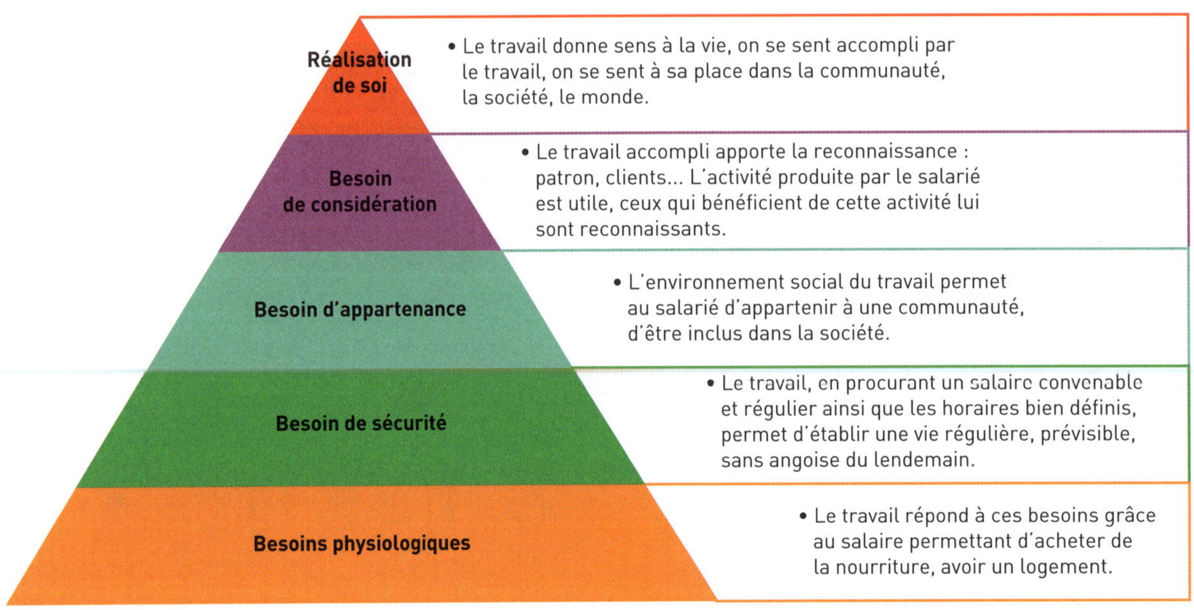

Les facteurs intrinsèques – internes à l'individu	Les facteurs extrinsèques – externes à l'individu
• Le contenu du travail • Les responsabilités confiées • Les opportunités de promotion • Les possibilité de monter en compétences • La reconnaissance	• La rémunération • Le statut du poste • Les avantages en nature • Les possibilités de journée de congé supplémentaire
➥ *Exemples* ■ *Le manager peut confier à son employé la mise en place de la tête de gondole lui permettant de choisir les produits.* ■ *Le manager met en place des cursus de formation permettant d'accéder à des nouveaux postes.*	➥ *Exemples* ■ *Le manager met en place un classement des vendeurs.* ■ *Le manager met en place une récompense financière pour les résultats obtenus.*

2 Les leviers de stimulation

- L'importance accordée à chaque forme d'engagement est propre à chaque individu et varie dans le temps. Agir sur les leviers pertinents de motivation consiste donc à satisfaire les formes d'engagement les plus importantes pour le collaborateur à un moment donné.
- Les raisons de l'implication d'un collaborateur peuvent être classées en fonction de 4 catégories – les 4 P.

Le salarié agit pour obtenir **des privilèges** matériels ou financiers

Le salarié agit pour le groupe et à travers **le groupe** qui lui fournit le sentiment d'appartenance

PRIVILÈGES L'engagement instrumental	PROGRÈS L'engagement professionnel
• Salaires, primes • Grade, titre • Attachement à l'organisation hiérarchique • Parking réservé, voiture de fonction, bureau personnel, secrétaire attitré(e)	• Attrait pour la formation • Confronter son point de vue avec d'autres • Défis personnels, attitude de remise en cause
PATRON L'engagement managérial	**PARTICIPANT L'engagement communautaire**
• Animer et diriger son équipe • Augmenter son taux de pénétration sur son marché • Réduire ses dépenses • Atteindre, voire dépasser les objectifs annuels	• Travailler en groupe • Rituels communautaires • Développement du sentiment d'appartenance • Valeurs partagées par le groupe • Coopération au sein d'une même équipe ou entre équipes

Le salarié agit vis-à-vis de **son manager** pour satisfaire le management

Le salarié agit pour s'épanouir **professionnellement** dans la réussite des objectifs

Vidéo
2'11

3 Les techniques de stimulation

Il existe différents processus de stimulation permettant d'améliorer la performance d'un individu ou d'une équipe.

Processus de stimulation		
Stimulation individuelle		Stimulation collective
Dépassement des objectifs fixés	Compétition entre les membres de l'équipe	Cohésion d'équipe
Ex : chaque vendeur doit vendre 10 cartes de fidélités par jour.	Ex : le vendeur qui vend le plus d'articles de la famille X sur le mois de décembre est recompensé.	Ex : une compétition entre les magasins de la région sur le CA réalisé.

Le plan de développement des compétences

La formation a pour objectif de faire progresser les différents membres de l'équipe dans leurs compétences professionnelles :

Objectifs de la formation

- Intégrer **des nouveaux collaborateurs**
- Renforcer les qualifications, perfectionner les compétences déjà acquises **des salariés avec de l'ancienneté**
- Donner l'accès à de nouvelles responsabilités aux **salariés ayant du potentiel**
- Assurer l'adaptation aux évolutions du métier de **l'ensemble des salariés**

1 Le financement de la formation

Les entreprises peuvent financer la formation professionnelle de 2 façons :	
• par le biais d'actions de formation qu'ils mettent en œuvre dans le cadre du plan de développement des compétences	• par une contribution versée à un organisme collecteur en fonction de la taille de l'entreprise : – 0,55 % de la masse salariale pour les entreprises de moins de 10 salariés ; – 1 % de la masse salariale pour les autres.

Le coût des formations mises en œuvre par l'entreprise comprend :

- le salaire des collaborateurs formés durant le temps de formation ;
- le coût des formateurs intervenants externes OU le salaire des formateurs internes ;
- les frais de déplacements éventuels des salariés

2 Le cadre juridique de la formation

Des dispositifs légaux sont mis en place :

Le plan de développement des compétences	• Le plan de développement des compétences regroupe des actions de formation retenues par l'employeur au regard de la stratégie l'entreprise et de ses projets de développement.
Le compte personnel de formation (CPF)	• Ce dispositif est utilisé par tout salarié tout au long de sa vie professionnelle active. • Le salarié peut cumuler jusqu'à 150 heures de formation pour acquerir des nouvelles compétences. Le CFP est attaché à la personne et non au contrat de travail.
La validation des acquis de l'expérience (VAE)	• C'est une mesure qui permet à toute persone de faire valider des acquis de son expérience pour obtenir une certification professsionnelle. • Trois ans d'expérience en rapport avec le contenu de la certification visée sont nécessaires.

Afin de gérer efficacement l'acquisition des compétences, la législation a également institué l'entretien professionnel centré sur l'analyse des acquis des collaborateurs et le renforcement des compétences.

3 Les modalités de la formation

Évaluation du besoin par le manager	• Au moment du recrutement, lors de l'entretien d'évaluation, en cas d'objectifs non atteints, de dysfonctionnements constatés, etc.
Demande exprimée par le salarié	• Par intérêt, par envie d'augmenter les champs de responsabilié, etc.

→ Plan de développement compétences => planification, budgétisation et organisation des formations.

4 Les modes de formation

La formation en salle – présentielle	C'est une pratique de formation qui réunit physiquement les apprenants et le formateur afin d'acquérir et/ou approfondir des connaissances et compétences. ➡ *Exemple :* *les formations « relation client » nécessitent la mise en place des jeux de rôles.*
La formation en ligne – e-learning	Il s'agit des solutions et moyens permettant l'apprentissage par des moyens électroniques, tout en permettant aux apprenants d'adapter leur rythme d'apprentissage. ➡ *Exemple :* *la formation à la sécurité incendie.*
Le retour d'expérience	Le retour d'expérience permet de capitaliser des connaissances à partir d'une expérience vécue. Cette méthode est utilisée dans des programmes de formation alternant enseignements théoriques et mise en pratique. ➡ *Exemple :* *une alternance BTS MCO.*

5 L'évaluation de l'efficacité de la formation

Évaluation de la satisfaction des stagiaires	Le questionnaire de satisfaction rempli par les stagiaires à la fin de la formation – l'action de formation proposée est-elle pertinente par rapport aux besoins ?
Évaluation des acquis	Les évaluations formatives en cours de stage permettent de valider l'acquisition des compétences – quizz, jeux de rôles, exercices, QCM. Un questionnaire d'auto-évaluation peut être également proposé.

➥ *Exemple*

Dans le cadre de la formation au marchandising, les stagiaires procèdent à une auto-évaluation :

Savoirs-faire Appliquer une implantation verticale Respecter les consignes de la mise en valeur	Oui, c'est acquis	Non, cela n'est pas acquis

Évaluation du transfert des compétences	Les compétences visées dans le cadre de la formation, sont-elles mises en application sur le terrain ? Cela peut se traduire par une modification des comportements, une amélioration des résultats, etc.

Vidéo 2'46

CEJM

En matière de formation professionnelle, l'employeur doit participer au financement de la formation, adapter les compétences du salarié à l'évolution de son emploi. Ces obligations s'intègrent dans la GPEC.

Fiche Repères 3

Les différentes composantes d'un système de rémunération

Le système de rémunération a un impact considérable sur :

- la motivation et le comportement des salariés ;
- la création de la valeur pour l'unité commerciale, tout en respectant les contraintes budgétaires.

1 La rémunération fixe

La rémunération fixe garantit un salaire de base régulier au salarié et correspond à une durée de travail de 35 heures par semaine, pour un temps complet.

CEJM

L'employeur doit respecter :

✔ un montant mensuel brut au moins égal au SMIC ;
✔ le salaire minimum garanti par la convention collective du secteur d'activité de l'entreprise ;
✔ les heures supplémentaires en conformité de la loi et de la convention collective ;
✔ l'égalité des salaires entre hommes et femmes.

➥ *Exemple : Extrait de la convention collective du commerce de détail bricolage, 2018*

Barème et salaire minimum bricolage 2018 – employés			
Niveau	**Degré**	**Coefficient**	**Rémunération mensuelle brute garantie**
1, 2, 3	B, C, D, E, F, G	120, 140, 150, 160, 190, 200	Niveau 1 B : salaire minimum égal à 1 500 € Niveau 3 G : salaire minimum égal à 1 627 €
Barème et salaire minimum bricolage 2018 – agents de maîtrise			
4	H, I, J	220, 250, 280	Niveau 4 H : salaire minimum égal à 1 742 € Niveau 4 I : salaire minimum égal à 1 901 €
Barème et salaire minimum bricolage 2018 – cadres			
5	K, L, M, N	320, 400, 500, 600	Niveau 5K : salaire minimum égal à 2 428 € Niveau 5 N : salaire minimum égal à 3 049 €

2 La rémunération variable

La rémunération variable a pour objectif de récompenser les efforts des collaborateurs. Cette composante de la rémunération peut prendre différentes formes :

Différentes formes de rémunération variable	Explications	Exemples
Heures supplémentaires	Le taux de rémunération est majoré = > + 25 % pour les premières 8 heures => + 50 % pour les heures suivantes	*La majoration liée au travail de nuit, les jours fériés (et le dimanche si l'ouverture exceptionnelle).*
Primes de performance individuelles et / ou collectives.	Ce type de rémunération permet de stimuler les salariés. Les primes de performance ont pour objectif la fidélisation	*Prime individuelle en fonction du CA réalisé, prime du 13e mois, prime d'ancienneté, etc.*

3 Les avantages en nature

Les avantages en nature sont constitués par la fourniture par l'employeur à ses salariés d'un bien ou service :

Avantages	Exemples
Avantage en nature nourriture	*La fourniture de repas dans un restaurant d'entreprise ou une cantine, géré ou subventionné par l'employeur, moyennant une participation des personnels, constitue selon les cas un avantage en nature.*
Avantage en nature logement	*Lorsqu'un employeur met à la disposition d'un salarié gratuitement un logement, il doit évaluer un avantage en nature logement et le soumettre au paiement des cotisations.*
Avantage en nature véhicule	*Lorsqu'un véhicule d'entreprise est mis à la disposition d'un salarié qui l'utilise à des fins professionnelles et personnelles.*
Avantage en nature nouvelles technologies	*Les outils issus des NTIC visent essentiellement les ordinateurs, progiciels, logiciels, forfaits internet, téléphones mobiles, tablettes,...*
Avantage en nature réduction tarifaire sur les produits réalisés ou vendus par l'entreprise	*Il faut que la réduction tarifaire n'excède pas 30 % du prix public TTC pratiqué par l'employeur pour le même produit à un consommateur non salarié de l'entreprise.*

4 Les composantes permettant d'épargner

La participation

- Concerne les entreprises de plus de 50 salariés
- Distribution aux salariés une partie des bénéfices de l'enseigne, selon les modalités

L'intéressement

- Facultatif
- Association collective des salariés aux résultats de l'entreprise.

Les plans d'épargne

- PEE - plan d'épargne entreprise (constitution d'un portefeuille de valeurs mobilières)
- PERCO - plan d'épargne retraite (constitution d'une épargne pour la retraite).

5 L'évolution de la rémunération

La rémunération peut évoluer de plusieurs manières durant le parcours professionnel dans une entreprise.

- Récompense de la performance personnelle
- Évolution du poste

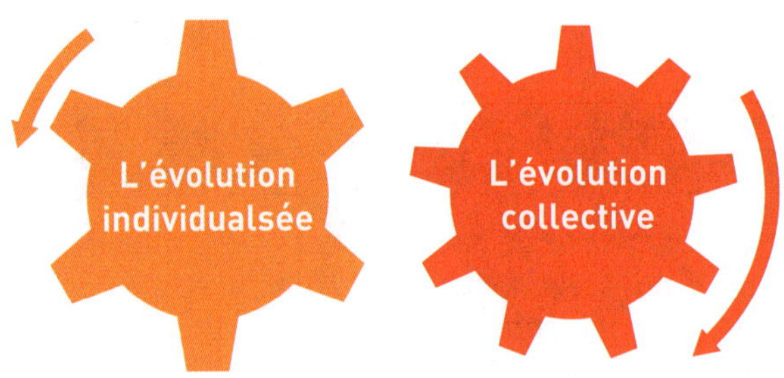

- Revalorisation du SMIC
- Négociations collectives dans chaque branche
- Négociations collectives au niveau de l'entreprise

Applications

APPLICATION 1 Motiver et stimuler l'équipe

Vous travaillez dans un centre de formation continue spécialisé dans les formations au management. Votre responsable vous demande de l'assister à la préparation de sa prochaine formation « La motivation et la performance ». Afin d'apporter des éléments d'actualité, vous réalisez une veille informative.

1. **Montrez l'impact de la motivation et de la stimulation sur la performance d'une équipe.**
2. **Identifiez à quel niveau de la pyramide de Maslow appartiennent les leviers de la motivation cités dans le texte.**
3. **Indiquez le comportement que doit adopter le manager pour anticiper les situations de démotivation des salariés.**

Fiche Repères 1

DOC. Motiver les salariés pour une meilleure performance

Un décalage croissant entre les aspirations des salariés et les pratiques des entreprises source de surcoûts et de perte de performance

Tant du côté des entreprises que du côté des salariés, le manque de motivation ou d'engagement constaté inquiète les managers des entreprises et génère des coûts. La plupart des enquêtes dans ce domaine confirme que, si la « valeur travail » ne semble pas altérée, elle a changé de sens vers une plus grande recherche d'épanouissement et d'équilibre entre vie professionnelle et vie personnelle, au détriment d'un moindre sentiment d'appartenance à l'entreprise. [...]

Les entreprises se sont dotées de systèmes et d'outils de management de la motivation nécessaires mais qui montrent leurs limites

[...] Les outils de mesure de la motivation sont utiles à condition de bien savoir ce que l'on mesure (satisfaction, motivation, implication, engagement...) et que ces enquêtes soient suivies d'actions correctives. Les nombreux moyens de mobilisation des salariés (gestion des compétences et des carrières, systèmes de rémunération, intéressement, direction par objectif, entretien annuel...) nécessitent une grande implication, de la cohérence et de la durée pour que l'engagement des salariés soit une véritable source d'innovation, de performance économique et humaine, et de bien-être au travail.

Les véritables leviers durables de la motivation : sens, reconnaissance et confiance

[...] Face à la complexité de la gestion de la motivation, trois leviers apparaissent comme essentiels pour une motivation durable : sens, reconnaissance et confiance, qui doivent toucher toutes les dimensions de l'entreprise (stratégie, culture, organisation, équipes, relations entre dirigeants, managers et collaborateurs). [...]

Les Échos, consulté le 5 mars 2018.

APPLICATION 2 Évaluer l'efficacité d'une action de formation

Houcine est animateur d'équipe au sein de la société Webhelp, spécialiste de l'externalisation de la gestion de la relation client et des processus métiers. Les 3 dernières personnes recrutées de l'équipe viennent de commencer leur première journée de travail. Conscient des expériences précédentes de personnes concernées, Houcine estime qu'il faut renforcer leurs compétences professionnelles en gestion des appels entrants.

→ **À partir des éléments relevés dans les documents 1 et 2, comparez les avantages et les inconvénients des différents modes de formation proposés par Webhelp, en indiquant le mode le plus approprié. Évaluez le coût de la formation pour chacun des trois modules dans le cas d'une formation mixte combinant la formation collective et le suivi individuel.**

Fiche Repères 2

Applications

DOC 1. La formation chez Webhelp

Webhelp propose à ses salariés différentes modules de formation dans le domaine de la gestion de la relation clients. Les formations sont dispensées par les formateurs internes, les formateurs de nos partenaires, mais également des organismes de formation adhérant à la Fédération de la formation professionnelle.
Les modes de formations utilisés sont les suivants :
- auto-formation à l'aide des modules de l'e-learning ;
- suivi individuel par les coaches d'entreprises partenaires ;
- formations collectives (cours théoriques, mise en situation, etc.).

DOC 2. Les données budgétaires

Le budget de formation alloué est de 2 500 €.
Trois modules de formation sont proposés (catalogue de la formation) :

Intitulé	Programme	Durée
Module 1 – Découverte des besoins clients	La mise en avant des techniques de vente par téléphone	7 heures, soit 1 journée
Module 2 – Argumentaire de vente	L'adaptation des arguments aux spécificités du secteur d'activité	14 heures, soit 2 journées
Module 3 – Traitement des objections	La mise en avant des techniques de traitement des objections.	10,5 heures, soit 1,5 journée

Il est possible de suivre les modules indépendament.
- Une heure de formation en groupe est facturée 65 € par l'organisme de formation.
- Une heure du suivi individuel par un coach est facturée 230 €. Une séance de coaching dure habituellement 2 heures.
- La mise à jour des modules e-learning coûte 100 €.

APPLICATION 3 Calculer la rémunération

La direction des ressources humaines de la banque Crédit Agricole est en train de travailler sur le dossier de la révision annuelle des salaires. Elle vous propose de participer au processus. Le cas de Jean-Michel, conseiller clientèle, est à traiter à part. Ce dernier est concerné par une promotion interne. Afin de faire une proposition de rémunération appropriée, la direction vous demande de vous pencher sur le dossier.

1. **Identifiez les différentes composantes de la rémunération de Jean-Michel.**
2. **À partir des données communiquées dans le document 1, calculez son salaire annuel ainsi que son salaire mensuel moyen.**
3. **Indiquez les points positifs et négatifs de ce système de rémunération.**

Fiche Repères 3

DOC 1. Le système de rémunération actuel

La rémunération actuelle des conseillers clientèle se fait de la façon suivante :
- un salaire fixe ;
- une prime sur objectifs individuels ;
- une prime sur objectifs collectifs ;
- un 13e mois ;
- une participation aux bénéfices ;
- un intéressement sur le résultat.

DOC 2. Réalisation de Jean-Michel pour l'année N

Réalisation de l'équipe pour l'année N			
Ouverture de compte	Livrets	Prêts immobiliers	Cartes bancaires
89 %	104 %	48 %	53 %

Réalisation de Jean-Michel			
Ouverture de compte	Livrets	Prêts immobiliers	Cartes bancaires
76	80	950 000 €	130

Grille salaire fixe			
Guichetiers	Conseillers clientèle	Conseillers grand compte	Personnels de direction
1 450 €	1 750 €	1 900 €	2 300 €

Objectifs individuels annuels				
	Ouverture de compte	Livrets	Prêts immobiliers	Cartes bancaires
Guichetiers	35	55	1 200 000 €	120
Conseillers clientèle	50	75	1 000 000 €	200
Conseillers GC	30	100	2 000 000 €	350

Prime sur objectifs individuels (en euros)												
	Ouverture de compte			Livrets			Prêts immobiliers			Cartes bancaires		
	100 %	80 %	> 80 %	100 %	80 %	> 80 %	100 %	80 %	> 80 %	100 %	80 %	> 80 %
Guichetiers	800	600	0	800	500	0	800	400	0	800	300	0
Conseillers clientèle	1 000	700	0	1 000	700	0	1 800	1 300	0	1 000	600	0
Conseillers grands compte	600	300	0	1 200	800	0	2 500	2 000	0	1 200	800	0

Prime sur objectifs collectifs				
	100 %	**80 %**	**50 %**	**0 %**
Ouverture de compte	1 000 €	800 €	500 €	0 €
Livrets	1 000 €	800 €	500 €	0 €
Prêts immobiliers	1 000 €	800 €	500 €	0 €
Cartes bancaires	1 000 €	800 €	500 €	0 €

Applications

APPLICATION 4 Créer une cohésion d'équipe

Vous venez d'intégrer, en tant que manager en formation, un magasin discounter alimentaire à Marseille. L'équipe du site est composée de 3 personnes expérimentées (entre 7 et 15 ans d'ancienneté au sein de l'entreprise) et 10 personnes récemment recrutées (il s'agit principalement des jeunes pour lesquels c'est la première expérience professionnelle). La direction du site constate un manque d'esprit d'équipe, de partage, ce qui à moyen terme peut endommager la qualité du travail du magasin. En tant que manager en formation, vous êtes sollicité(e) pour changer cette situation. La direction vous demande de :

1 Proposez les actions de stimulation permettant de répondre aux objectifs suivants :
- **créer la cohésion au sein de l'équipe du magasin ;**
- **faire sortir du cadre habituel professionnel ;**
- **prendre en compte les caractéristiques de l'ensemble du personnel ;**
- **tenir compte de la politique de la responsabilité sociétale de l'entreprise.**

Fiche Repères 1

Satisfait du travail proposé, la direction vous invite également à mettre en place les actions solidaires. La direction a fait les premiers choix du projet, mais hésite encore.

2 À partir des éléments communiqués par la direction, choisissez le projet en argumentant votre décision.

3 Indiquez l'organisation de l'opération de stimulation choisie.

Fiche Méthode 1

DOC. Les actions solidaires retenues

- Une récolte des denrées pour les Banques Alimentaires organisée au sein du magasin.
- Une course locale permettant récolter des fonds au profil des enfants orphelins de la ville.
- Une réunion de sensibilisation à destination des clients « juniors » sur le tri sélectif.
- Une journée *Green Day* de nettoyage des plages.

APPLICATION 5 Lire un bulletin de salaire

Vous travaillez en tant que responsable de rayon au sein du magasin Carrefour. Vous avez intégré récemment Johan, un nouveau stagiaire, pour qui c'est sa première expérience professionnelle. Hier, Johan a reçu son premier bulletin de salaire. Il vous sollicite pour avoir quelques renseignements au sujet de la compréhension des éléments indiqués dans le bulletin de salaire.

1 Expliquez à Johan les composantes obligatoires du bulletin de salaire.

2 Illustrez votre explication à l'aide des éléments de calcul.

Fiche Méthode 3

Thème 3

7 Gérer les conflits et prévenir les risques psychosociaux

COMPÉTENCES
- → Gérer les conflits et les situations de crise
- → Prévenir et gérer les risques psychosociaux

FICHE MÉTHODE 1
Comment mettre en place et analyser des indicateurs sociaux ?

FICHE MÉTHODE 2
Comment identifier les facteurs de RPS ?

FICHE MÉTHODE 3
Comment mettre en place une démarche de prévention ?

LE CAS
Crédit Mutuel

7

FICHE REPÈRES 1
Les types de conflit

FICHE REPÈRES 2
Les techniques de gestion du conflit

FICHE REPÈRES 3
Les situations de crise

APPLICATIONS

LE CAS CRÉDIT MUTUEL

- **Activité**
La bancassurance rassemble les activités de banque de détail et d'assurance, en vie et dommages
- **Stratégie**
Un développement fondé sur la banque de proximité, la bancassurance et les services technologiques

- **Chiffres clés**
82 000 salariés au service de 31,6 M de clients
5 767 points de vente
CA 17 748 millions d'€
- **Classement**
34e rang mondial
La marque préférée des Français (baromètre Posternak/Ifop 1er trimestre 2018)
- **Unité commerciale**
Crédit Mutuel Paris-St-Lazare
- **Localisation**
41 Rue de Rome, 75008 Paris
- **Horaires ouverture**
Ouvert les mardi, mercredi et vendredi de 9 h à 18 h, le jeudi de 10 h à 18 h 45, le samedi de 9 h 30 à 13 h. L'agence est fermée les lundi et dimanche

Vidéo 1'30

7

LE CAS CRÉDIT MUTUEL

Le directeur de l'unité commerciale, Alexandre Yarovy, dirige l'équipe de 6 personnes depuis 2 ans. Elle est composée de 3 chargés de clientèle des particuliers, 2 chargés de clientèle professionnelle et une personne qui assure l'accueil de l'agence.

Tous les ans, le directeur de l'agence procède à l'analyse des indicateurs sociaux. Les dernières informations sont communiquées ce matin par la direction régionale.

→ **Vous avez été recruté(e) en tant que directeur(trice) adjoint(e). M. Alexandre Yarovy souhaite vous implique davantage sur l'aspect managérial du poste.**

MISSION 1 Identifier les facteurs de RPS

Annexes 1 et 2

Alexandre Yarovy vient de vous présenter les résultats du dernier questionnaire interne réalisé par le groupe Crédit Mutuel. Au premier regard, les résultats ne sont pas satisfaisants : ils sont en dessous de la moyenne du groupe. Vous prenez l'initiative de vous occuper du dossier, compte tenu de l'actualité du sujet.

1. Expliquez l'importance de la mise en place du suivi des indicateurs sociaux.
2. Analysez les indicateurs sociaux présentés par M. Yarovy. Qu'en déduisez-vous ?
3. Identifiez les facteurs des RSP potentiels afin de cibler les actions managériales.
4. Présentez la démarche de prévention que vous pourriez mettre en place. Précisez la priorité des actions choisies en respectant la vision humaine du groupe.

Fiche Méthode 1 Fiche Méthode 2 Fiche Méthode 3

MISSION 2 Gérer les conflits

Annexes 3 et 4

Suite aux entretiens menés avec certains collaborateurs, vous avez fait un constat sur le fonctionnement de l'agence, mais aussi sur les relations entre les collaborateurs. M. Yarovy vous demande de continuer la mission afin de résoudre les conflits constatés.

5. Identifiez le type de conflit pour chaque collaborateur.
6. Précisez les répercussions des conflits sans intervention managériale.
7. Proposez la stratégie, ainsi que la (les) technique(s) possible(s) pour résoudre les conflits.
8. Formulez les réponses à apporter à chaque collaborateur individuellement et collectivement.

Fiche Repères 1 Fiche Repères 2 Fiche Repères 3

MISSION 3 Gérer la crise

Annexes 5 et 6

Suite aux remontés des clients, le directeur a pu constater qu'un des collaborateurs ne respecte pas les règles de confidentialité. M. Yarovy vous sollicite afin de faire face à cette crise constatée.

9. Identifiez les points forts et les axes de progrès des plans existants (opérationnel et de communication). Justifiez.
10. Proposez les améliorations à apporter afin de répondre aux attentes du directeur.

Fiche Repères 3

AUTO-ÉVALUE-TOI !

	🙂	😐	☹️
Les conflits, les risques psychosociaux, les situations de crise sont prévenus et/ou efficacement réglés.			
Les actions de prévention sont efficaces.			

ANNEXE 1 Indicateurs sociaux Crédit Mutuel, région

Indicateur	Valeur N – 1	Valeur N	Écart constaté
Effectifs en personnes	11 213	10520	↘ **– 693 personnes**
Effectifs en équivalents plein-temps (EPT)	10745	9 978	↘ **– 767 EPT**
Âge moyen	44,1 ans	44,2 ans	↗ **+ 0,1 an**
Ancienneté	10,5 ans	11,1 ans	↗ **+ 0,6 an**
Pourcentage de femme	48,6 %	46,1 %	↘ **– 2,5 points**
Pourcentage de temps partiel	39 %	36 %	↘ **– 3 points**
Pourcentage des apprentis	5 %	4,8 %	↘ **– 0,2 point**
Absences pour maladie	7.5 jours / EPT	6.8 jours / EPT	↘ **– 0,7 jour/ EPT**
Absence pour accident	1,1 jour / EPT	0,9 jour / EPT	↘ **– 0,2 jour / EPT**
Journées de perfectionnement des compétences	6,5 jours / EPT	6,8 jours / EPT	↗ **+ 0,3 jour / EPT**
Prime de performance moyenne	664 €	652 €	↘ **– 12 €**

- **Zoom sur un des indicateurs :**

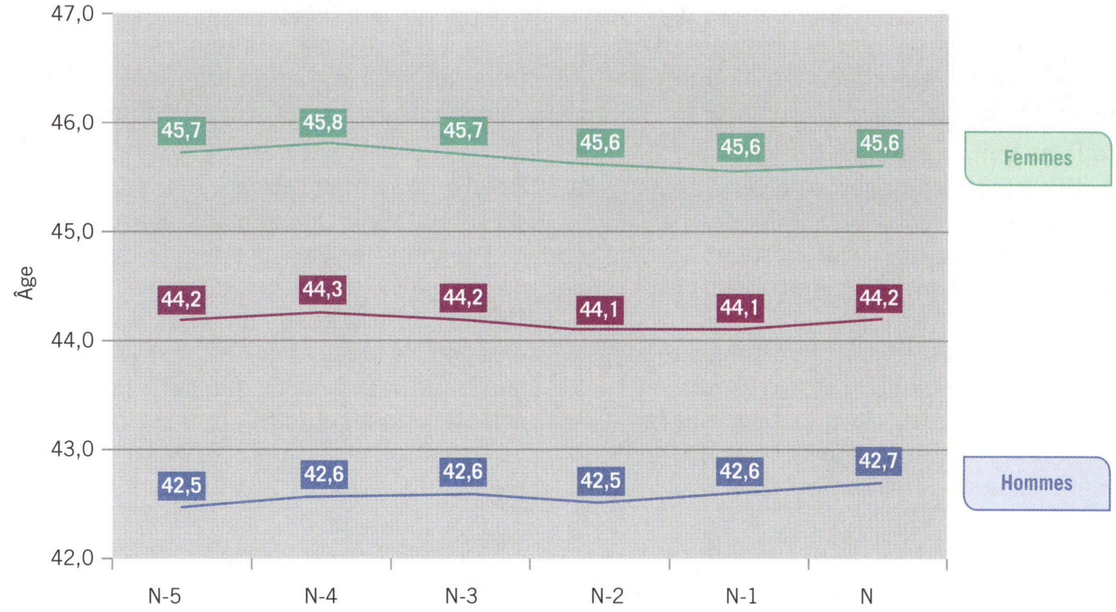

ANNEXE 2 Synthèse des résultats du questionnaire interne Crédit Mutuel St. Lazare

- 66 % des collaborateurs se considèrent de plus en plus stressés au travail.
- 76 % des salariés interrogés estiment devoir fréquemment interrompre une tâche qu'ils sont en train de faire pour en commencer une autre,
- 48 % déclarent travailler dans l'urgence (devoir toujours ou souvent se dépêcher),
- 58 % déclarent que leur rythme de travail est imposé par une demande à satisfaire immédiatement,
- 42 % déclarent vivre des situations de tension (interne ou externe)
- 33 % des collaborateurs considèrent que la qualité de vie au travail s'est dégradée au cours des 6 derniers mois.

ANNEXE 3 Prise de notes lors des entretiens individuels

Synthèse de l'entretien avec Thomas, chargé de la clientèle des particuliers

Contexte : Thomas a été nommé au poste de chargé de clientèle il y a 3 mois. Lors du dernier point, il a refusé la formation au métier de chargé de la clientèle.
La semaine dernière, il n'a pas transmis une information importante, freinant ainsi le traitement d'une opération bancaire d'un client. Marianne, sa collègue, a dû gérer en urgence le dossier.

Retour du collaborateur : Il a encore des difficultés techniques au niveau de son nouveau poste.
Selon Thomas, le métier, le poste et l'équipe... tout arrive en même temps et il a du mal à tout gérer.
Thomas n'ose pas revenir vers ses collègues, demander une aide ou autre. « Je suis promu en interne, et personne ne voudra s'occuper de moi. Ils viennent tous des grandes écoles... »

Synthèse de l'entretien avec Isaac, chargé de la clientèle des professionnels

Contexte : Isaac est le dernier recruté dans l'équipe de l'agence. Il vient de chez un concurrent.
Cela fait déjà 6 mois qu'il fait partie de l'équipe de Crédit-Mutuelle St-Lazare.
Les résultats d'Isaac ne sont pas au rendez-vous, il n'arrive pas à atteindre les objectifs fixés. En plus, il a du mal à s'intégrer dans l'équipe. Il n'y a vraiment pas d'interactions.

Retour du collaborateur : Il est conscient des résultats insatisfaisants. Isaac explique ce constant par l'intégration, le manque de formation et d'esprit d'équipe.
De plus, le processus interne de la prospection des clients est à revoir selon Isaac : « Il est évident que dans les conditions d'aujourd'hui il m'est compliqué de travailler. ».

Synthèse de l'entretien avec Marianne, chargée de la clientèle des particuliers

Contexte : Marianne exerce le métier de chargé de la clientèle des particuliers depuis 2 ans. Les indicateurs de performances de Marianne sont au rendez-vous, elle fait partie du podium classement de la région. De plus, elle a fait l'objet de compliments de la part des clients sur sa manière de traiter les demandes.

Retour de la collaboratrice : Marianne fait part de ses mécontentements – « Amin est souvent en retard, je dois gérer ses affaires... et mes clients sont en attente. En plus, je gère les urgences de Thomas ! » Évidemment, le travail d'équipe en pâtit. Marianne souhaite garder une bonne ambiance au travail, mais demande le manager de clarifier la situation.

Synthèse de l'entretien avec Amin, chargé d'accueil

Contexte : Amin a été embauché en même temps que Thomas. Tous les deux ont commencé en tant que chargé d'accueil dans les agences bancaires différentes.
Depuis la nomination de Thomas, Amin a changé de comportement : agressif avec les collègues, souvent en retard...

Retour du collaborateur : Amin ne comprend pas pourquoi le poste de chargé de la clientèle a été proposé à Thomas : « Mais pourquoi c'est lui qui a eu le poste ? ! et moi ? je m'occupe toujours de l'accueil, et je dois encore attendre... »
Amin reconnaît des retards, les conflits avec ses collègues...

Les entretiens ont été menés dans le cadre du suivi régulier mensuel. Tous les collaborateurs, sauf Amin, ont rempli les formulaires *via* un portail collaboratif interne. En tant que directeur(trice) adjoint(e), vous pouvez visualiser la dernière connexion de l'ensemble des collaborateurs. Amin s'est connecté il y a une semaine pour la dernière fois.

ANNEXE 4 Témoignage d'une collaboratrice du groupe

[...] Donc, une banque mutualiste, ça change vraiment tout, pour reprendre le slogan publicitaire...
Il y a l'élément mutualiste mais pas seulement. Il y a également un collectif de travail, qui pour moi est solidaire. Je le vois avec les collègues en caisse : il y a énormément d'entraide, de partage des compétences, on fait grandir les autres. Les équipes sont très soudées. Et c'est quelque chose qui est vraiment fort au Crédit Mutuel. Au Crédit Mutuel Anjou, nous avons un programme qui s'appelle « Bien-être et Performance » : pour moi, cela a du sens que ce ne soit pas soit l'un, soit l'autre. Ce programme comprend toutes sortes d'actions, aussi simples qu'elles puissent paraître, pour améliorer le bien-être des collègues au quotidien. Et qu'ils soient ainsi performants et épanouis dans leur travail. [...]

www.creditmutuel.com

ANNEXE 5 Plan opérationnel

D'une manière générale, il est important d'avoir identifié la crise en amont. Tous les membres de l'équipe doivent connaître les répercussions de la crise. Pendant la crise :

- La communication doit être claire, adaptée au public cible :
  - en externe : auprès de tous les clients et fournisseurs (une lettre recommandée) ;
  - en interne : auprès du personnel (une réunion d'information).

Après la crise :
- organiser un retour d'expérience (REX) – il est important de mettre au courant l'ensemble des collaborateurs afin que cela ne se reproduise pas ;
- mettre en place une communication après crise avec le client concerné. Cette communication permet également de formaliser la fin officielle de la crise.

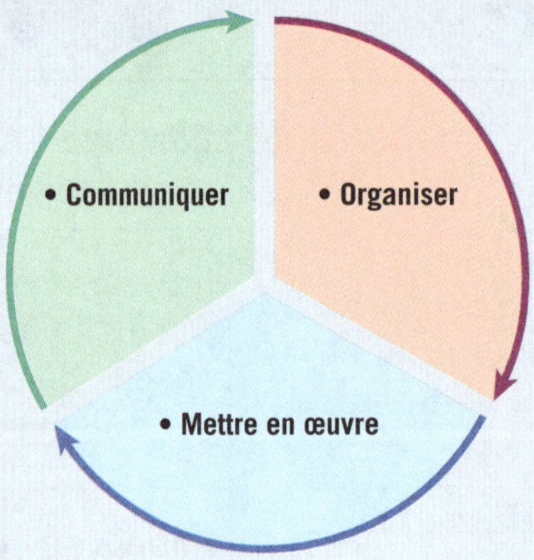

- Le directeur de site doit s'assurer de la présence du collaborateur concerné. En cas de surcharge, le directeur du site peut déléguer la gestion de la crise à son adjoint(e) ou une autre personne disponible sur le moment.

À ce stade, le recueil des informations n'est pas vraiment important.

- Cette phase se repose sur les éléments suivants :
  - la prise en charge opérationnelle de la crise ;
  - la continuité des actions annoncées.

En fonction de l'activité de l'unité commerciale, le directeur du site peut mettre en place le suivi :
- s'assurer que les décisions prises sont mises en œuvre ;
- recueillir l'ensemble des informations disponibles afin de les communiquer en interne et en externe.

Cette phase n'est pas obligatoire.

ANNEXE 6 Plan de communication

Dans ce contexte d'urgence, il faut donc communiquer très vite.

Objectif managérial : faire face à la situation de crise, en communiquant les éléments clés à l'ensemble des acteurs concernés.
Les acteurs concernés : client, tous les collaborateurs, la direction du site.

Sur le fond :
- réfléchir ensemble aux scénarios pouvant affecter l'entreprise – un brainstorming collectif peut être organisé ;
- préparer les « éléments de langage » qui constitueront la base de toutes les communications internes et externes : il n'est pas prioritaire d'identifier le message à faire passer, les termes à employer... – après tout, c'est une aventure humaine, donc l'improvisation doit avoir sa place ;
- choisir la liste des interlocuteurs – en fonction de la présence des personnes dans l'unité commerciale.

Les actions :
- une réunion collective interne afin d'envisager les scénarios possibles de la situation ;
- une rencontre de l'équipe avec le client concerné.

Suite aux actions menées, la décision finale de la sortie de crise sera prise par le directeur : une sanction, un licenciement ou autre.

Mon bloc-note

7

Fiche Méthode 1

Comment mettre en place et analyser des indicateurs sociaux ?

ENJEUX

- Constater objectivement les répercussions de la politique de la gestion des ressources humaines de l'entreprise
- Adapter (suite aux remontées) la politique de la gestion des ressources humaines

PRÉREQUIS

➡ Avoir identifié les indicateurs pertinents de référence, avoir pris en compte la politique de la gestion des ressources humaines.

1 Prendre en compte les éléments clés

Le suivi des indicateurs doit être réalisé d'une manière régulière. Le choix des indicateurs se fait en fonction de l'activité de l'enseigne mais aussi la politique RH. On distingue les principaux indicateurs sociaux :

Indicateur	Objectif	Exemples
Indicateur économique	Mesurer la contribution économique du personnel	*Ratio de la productivité :* • *CA / Effectif* • *Production / Effectif*
Indicateur structurel	Mesurer le profil des effectifs en place, anticiper les actions managériales	• *Ratio de vieillissement : Nbre de salariés à X ans de retraite / Effectif* • *Taux d'encadrement : Effectif cadre et techniciens / Effectif total*
Indicateur du recrutement	Mesurer l'efficacité du recrutement	*Qualité du recrutement :* • *Nbre de candidats retenus / Nbre de candidatures examinées* • *Nbre de candidats restant au bout de la période d'essai / Nbre de recrutements sur la période*
Indicateur formation	Mesurer la pertinence et l'efficacité des actions axées formation	• *Effort de formation : Montant consacré à la formation / Masse salariale* • *Ratio de salariés formés : Nombre de salariés formés / Effectif*
Indicateur rémunération	Mesurer la pertinence de la politique de rémunération	• *Ratio de rémunération moyenne : Masse salariale annuelle / Effectif moyen annuel* • *Ratio d'accroissement des rémunérations : % annuel d'augmentation de l'entreprise / idem secteur*
Indicateur de climat	Mesurer le climat social au sein de l'unité commerciale	• *Turnover : Nbre de départs associés à un motif / Effectif moyen* • *Multiplication des incidents de production (erreurs, altercations…)* • *Accroissement des témoignages de mécontentement, conflit, etc.*

En fonction du contexte environnant, le manager opérationnel peut être responsable de la base de données économiques et sociales (ou rendre compte à la direction des ressources humaines).

Vidéo 1'36

2 Mettre en place un tableau de bord afin d'analyser les indicateurs sociaux

1 Définir / clarifier la stratégie RH

Conseil 1 : Le manager opérationnel doit se poser les questions suivantes :

- quelles sont les politiques RH de l'entreprise ?
- quel est le contexte interne / externe de l'entreprise ?
- quels sont les principaux acteurs concernés ?

2 Déterminer les objectifs

Conseil 2 : Dans la suite logique, les questions à se poser :

- quelle est finalité de la construction de l'outil de mesure ?
- qui est le destinataire du tableau de bord ?
- quelles informations ? Avec quelle fréquence ? Sous quelle forme ?

3 Identifier les indicateurs clés

Conseil 3 : Toujours en lien avec les étapes précédentes, le choix des indicateurs (10 maximum) est primordial.
Les indicateurs doivent être pertinents (répondre aux attentes), chiffrés, clairs pour analyser afin de mener les actions correctives à temps.

4 Collecter des informations

Conseil 4 : Le manager opérationnel doit faire attention à la rigueur dans la collecte des données, surtout du dernier type des indicateurs : le climat social.

La mise en place de certaines actions managériales permet de travailler l'aspect qualitatif des indicateurs de performance :

- le baromètre interne – la note de satisfaction interne délivrée par les biais du questionnement des collaborateurs sur les sujets différents : les conditions de travail, les relations internes, etc. ;
- les entretiens informels avec les collaborateurs.

5 Concevoir l'outil de suivi

Conseil 5 : Des logiciels spécialisés permettent d'automatiser les processus de traitement des indicateurs sociaux. L'analyse croisée des indicateurs sociaux (quantitatifs et qualitatifs) permet de définir, affiner la politique RH adaptée au service de la stratégie globale de l'enseigne.

Exemples de présentation du suivi des indicateurs

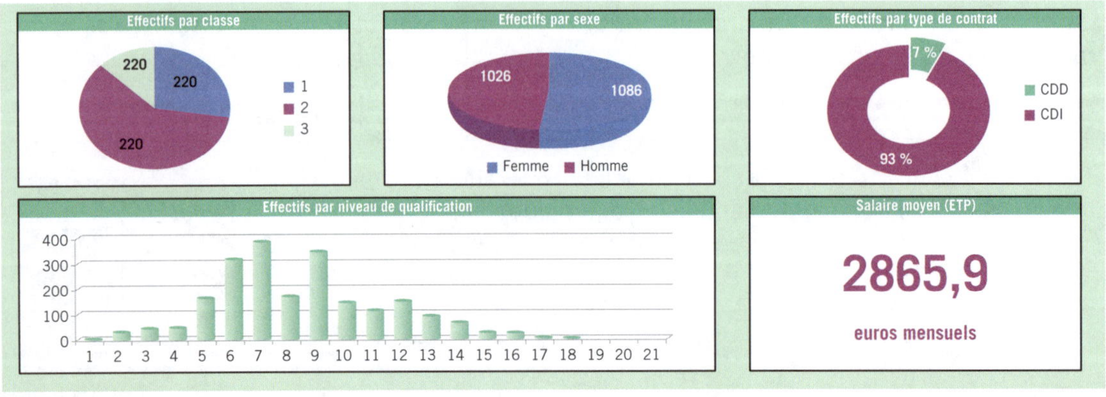

3 Établir un dialogue social

Le dialogue social est un ensemble des éléments de négociation, d'échange de l'information ou de consultation mis en œuvre entre l'employeur et les salariés dans le cadre de l'organisation et de l'amélioration des relations individuelles et collectives du travail.

A. Définir les objectifs principaux du dialogue social

Améliorer les conditions de travail	L'équipement adapté au poste : les chaussures de sécurité pour les métiers de réception des marchandises.
Renforcer les liens entre les salariés et la direction	Les événements : la réunion d'équipe, le suivi, l'événement collectif de team-building.
Favoriser l'équilibre entre vie personnelle et professionnelle	La charge de travail appropriée, les actions préventives afin d'éviter l'épuisement professionnel.
Reconnaître et encourager la contribution de chacun	La gratitude exprimée pour le travail accompli : les remerciements, les primes, etc.
Organiser le temps de travail de façon concertée	La planification qui sort du cadre commun : l'inventaire de nuit, le réaménagement du rayon de nuit, etc.
Se concerter pour sauver des emplois	En cas de difficulté économique de l'entreprise.

B. Identifier les acteurs institutionnels : le CSE

Ce comité est composé de l'employeur et d'une délégation du personnel élue pour un mandat de 4 ans.

Le CSE a pour mission de présenter à l'employeur les réclamations individuelles ou collectives des salariés :

1. en cas de non-respect du Code du travail, d'autres obligations légales, des droits de l'homme, etc. ;
2. en cas de licenciement collectif pour motif économique, reclassement d'un collaborateur, etc. ;
3. en cas de non-respect des règles du droit du travail.

Le CSE a également des attributions en matière d'activités sociales et culturelles (les voyages, l'organisation des fêtes, les sorties cinéma, etc.).

CEJM

Le comité social et économique (CSE) remplace les instances représentatives du personnel : les délégués du personnel, le comité d'entreprise et le comité d'hygiène, de sécurité et des conditions de travail. La mise en place va se faire progressivement, pour aboutir à une mise en place généralisée au 1er janvier 2020. À compter du 1er janvier 2018, les entreprises d'au moins 11 salariés doivent mettre enplace un **CSE**.

Fiche Méthode 2

Comment identifier les facteurs de risques psychosociaux (RPS) ?

ENJEUX

- Repérer les risques psychosociaux en indiquant leur nature
- Prévenir les RPS, en mettant en place des démarches organisationnelles et informationnelles qui soient favorables à la santé physique et mentale des collaborateurs

PRÉREQUIS

- Avoir pris la connaissance des différents aspects des métiers exercés (les outils, le fonctionnement, etc.), avoir analysé les historiques enregistrées

1 Définir les risques psychosociaux

Les RPS sont définis comme des situations de travail provoquant le danger pour la santé physique et mentale des collaborateurs. Il faut pouvoir distinguer les différents types de RPS :

RSP	Explication	Exemple
Le stress au travail	Le collaborateur, sous pression a le sentiment de ne pas répondre aux exigences ou aux attentes demandées.	*La pression des objectifs quantitatifs (la progression permanente des indicateurs de performance), des deadlines ou autre peuvent être la source du stress au travail pour les collaborateurs.*
Les violences internes	Ce type de violence est commis en interne par les collaborateurs (la hiérarchie, les collègues, les subordonnées, etc.)	*Les violences internes peuvent être déclenchées suite à un (des) conflit(s) non résolus.* Fiche Repères 1 ➡ *Exemples* *Harcèlement sexuel, moral, confits exacerbés, etc.*
Les violences externes	Toute violence effectuée vis-à-vis du collaborateur par des personnes extérieures à l'enseigne.	*Suite à une insatisfaction constatée, les parties prenantes externes (les clients, les fournisseurs, les partenaires, etc.) peuvent exprimer leur agression sous forme d'insultes, de menaces, etc.*
Le syndrome d'épuisement professionnel	Ce type de RPS peut prendre les formes différentes : • le burn-out – il s'agit d'une personne qui est fatiguée sur les plans émotionnel, physique, mental et intellectuel ; • le bore out – il s'agit d'une personne qui subit un épuisement professionnel en raison de l'ennui au travail ; • le blurring – il s'agit d'une personne qui ressent une confusion entre la vie personnelle et la vie professionnelle.	*Les situations de violence interne et du stress chez un collaborateur peuvent provoquer des conflits avec les membres de l'équipe.*

2 Identifier les facteurs de RPS

Une fois les RPS identifiées, il faut rechercher leur origine.

Facteurs	Explications
Les exigences au travail	Cela peut être exprimé par : • les délais et/ou les objectifs trop ambitieux ou irréalistes ; • une surcharge au niveau des tâches confiées.
Les exigences émotionnelles	L'intelligence émotionnelle fait partie du quotidien de tous les collaborateurs. Ils doivent faire face à des situations difficiles à gérer émotionnellement : • le conflit interpersonnel ; • la violence verbale (et/ou physique), le harcèlement moral.
Le manque d'autonomie et de moyens	Ce facteur peut être lié : • au manque de pouvoir faire : les champs de responsabilités ne sont pas (mal) définis ; • aux compétences des collaborateurs sont sous-estimées / surestimées.
Les « mauvaises » relations de travail	Ce facteur peut être caractérisé par : • le manque de solidarité entre les collaborateurs (le même niveau hiérarchique) ; • le manque de reconnaissance du travail effectué (la hiérarchie directe) ; • le manque d'animation de l'équipe.
L'insécurité de la situation	Il s'agit ici de tous les changements non maîtrisés par les collaborateurs : le retard dans les versements des salaires, la modification du poste sans être formé,

3 Mettre en place une méthodologie permettant de repérer les RPS

1/ Recueillir, rassembler les données

Il est impératif de classer les données selon 2 catégories :
1. **le fonctionnement de l'enseigne :** turnover, absentéisme, retards... ;
2. **la sécurité et la santé des collaborateurs :** accidents du travail, violences verbales...

2/ Identifier les indicateurs prioritaires

Selon la politique de la gestion RH, le manager opérationnel priorisera la liste des indicateurs. Afin de réaliser cette étape, **les parties prenantes concernées doivent être sollicitées :** le chef d'entreprise, les délégués du personnel, etc.

3/ Analyser les indicateurs RPS

Les données récoltées peuvent être comparées avec des références nationales et / ou période – 1. L'analyse peut être basée sur 2 critères (ex. : la gravité et la fréquence des situations).

Étape 1 : toutes les informations sont accessibles au sein de l'enseigne par les biais du bilan social, des suivis opérationnels, du rapport annuel du CSE sur les conditions du travail des salariés.

Étape 2 : l'identification des indicateurs doit être accompagnée à l'aide d'un dialogue social.

Étape 3 : dans le cas où l'analyse effectuée démontre les résultats préoccupants, il est primordial pour un manager opérationnel d'approfondir l'étude et de mettre en place un plan de prévention.

Focus

La Dares constate en 2016, grâce à une étude sur les conditions de travail et la santé au travail, que 47 % des répondants indiquent qu'ils doivent « toujours » / « souvent » se dépêcher dans le travail, et qu'au moins 64 % des répondants affirment d'être soumis à un travail intense ou subir des pressions temporelles.

Consultez l'étude complète de la DARES :

Site web

Fiche Méthode 3

Comment mettre en place une démarche de prévention ?

ENJEUX

- Analyser les actions de prévention des risques professionnels
- Mettre en place une organisation et des moyens adaptés

PRÉREQUIS

- Avoir diagnostiqué les risques professionnels et les facteurs de la pénibilité au travail

1 Définir le cadre légal

Dans le cadre légal, les managers opérationnels sont tenus de respecter les principes de la prévention des risques professionnels (y compris les risques psychosociaux) :

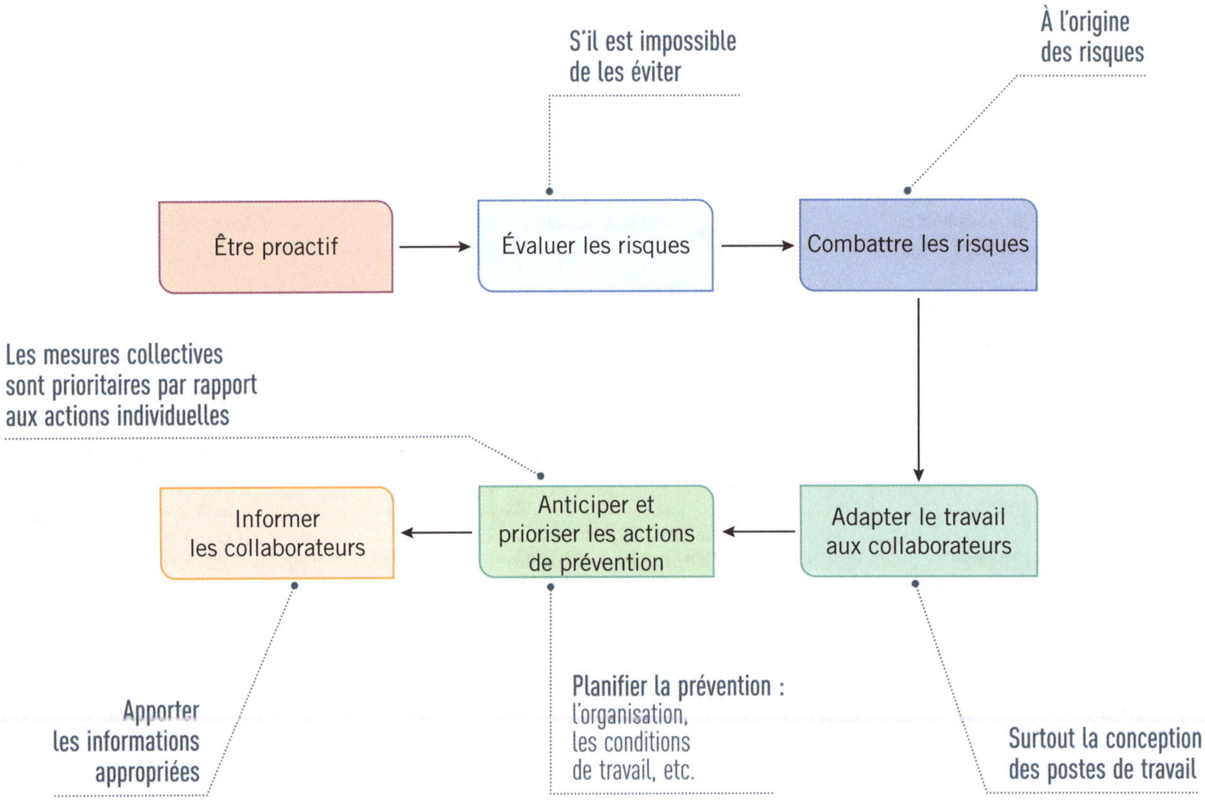

Focus

* La loi définit une obligation générale qui concerne l'employeur.

En effet, celui-ci, en vertu de l'article L4121-1 du Code du travail, « *prend les mesures nécessaires pour assurer la sécurité et protéger la santé physique et mentale des travailleurs. Ces mesures comprennent :*

- *1° des actions de prévention des risques professionnels et de la pénibilité au travail ;*
- *2° des actions d'information et de formation ;*
- *3° la mise en place d'une organisation et des moyens adaptés.*

2 Identifier la forme de prévention

Prévention :		
Primaire : actions sont axées sur les causes organisationnelles pour diminuer les RPS	**Secondaire :** accompagner les collaborateurs pour faire face auxsituations à risques	**Tertiaire :** actions menées visent à gérer les situations de crise
Ex. : diminuer les risques d'agressivité en améliorant l'organisation de l'accueil	Ex. : animer une formation à la gestion des conflits à l'ensemble des collaborateurs	Ex. : mettre en place un dispositif d'assistance psychologique au décès d'un collègue

3 Mettre en place une démarche de prévention

Étapes	Description	Objectif
Mobiliser les ressources nécessaires	• Le manager opérationnel avec la direction du site (du réseau) doivent être les garants des conditions de travail des collaborateurs. En effet, ils sont les premiers intéressés à mener à bien la démarche de prévention, ainsi que les actions nécessaires. • Tous les collaborateurs de l'enseigne sont au cœur de cette démarche – depuis l'identification des risques jusqu'à l'élaboration d'un plan d'actions de prévention. • Les entreprises peuvent faire l'appel à l'expertise externe (les organismes de prévention comme les CARSAT[1], les ARACT[2], etc.).	⇒ Identifier les difficultés constatées, ainsi que les obstacles rencontrés ⇒ Mettre en place des actions sur des problématiques communes

[1] **CARSAT** – Caisse d'assurance retraite et de la santé au travail
[2] **ARACT** – Association régionale pour l'amélioration des conditions de travail

[3] **Document unique** – transposition, par écrit, de l'évaluation des risques, imposée à tout employeur par le Code du travail

Étapes	Description	Objectif
Mettre en place des outils	• Parmi les outils réglementaires, le document unique[3] prend une place importante. • Les outils basés sur le retour d'expérience sont sollicités par les entreprises : ▪ les réunions collectives pluridisciplinaires permettant de commencer les échanges sur des actions mises en place. Les améliorations peuvent être apportées ; ▪ l'accompagnement sur le terrain, les formations régulières (lors de l'intégration, par exemple) visant de sensibiliser les collaborateurs ; ▪ la post-analyse d'un accident du travail peut se faire à l'aide de la méthode de l'arbre des causes.	⇒ Réduire les écarts d'analyse des RPS. ⇒ Capitaliser l'expérience sur les actions de prévention menée permettant ainsi d'établir les bonnes pratiques. ⇒ Pérenniser l'implication de l'ensemble des collaborateurs. ⇒ Identifier les causes de l'incident, afin de mettre en place des mesures nécessaires.
Suivre et évaluer les actions de prévention	• La mesure de l'efficacité des actions peut être traduite à l'aide des faits significatifs – les critères quantifiables ou les **indicateurs chiffrés**. • À long terme, il est préconisé de faire le point sur la cohérence et la pertinence des actions de prévention, de l'organisation et des indicateurs permettant d'assurer l'évaluation.	⇒ Évaluer l'efficacité des actions proposées, en comparant les résultats obtenus avec les objectifs initialement fixés.

Ex. : indicateurs : nombre d'accidents du travail ou de maladies professionnelles, taux de fréquence, taux de gravité

Ex. : indicateurs : le nombre de formations en prévention, l'évolution du nombre de postes figurant dans le document unique*

Fiche Repères 1

Les types de conflit

1 Les enjeux

Les tensions entre les personnes sont inévitables. Les enjeux de la gestion managériale des conflits sont les suivants :

- **identifier les prémices des conflits ;**
- **diagnostiquer et analyser les différents types et niveaux de conflits ;**
- **réguler et sortir des conflits.**

2 Les différents types de conflits

Les conflits peuvent être classés en fonction de différents indicateurs : les acteurs concernés, les sujets du conflit, ainsi que l'évolution du conflit.

Conflit d'identité	• L'objectif est d'obtenir un avantage en rejetant le point de vue de l'autre.
Conflit d'autorité	• Il s'agit des conflits entre les personnes de même niveau hiérarchique qui s'opposent suite à l'empiètement par l'un sur les compétences de l'autre.
Conflit de rivalité	• Ce type de conflit concerne principalement les métiers où la compétivité, la recherche du résultat et sont devendus nécessaires. Le conflit peut être banalisé mais jusqu'à un certain point.
Conflit de génération	• Ce type de conflit est observable dans les organisations où les avancées technologiques ne cessent d'accroitre.
Conflit d'opinion	• Ce type de conflit relève des différences d'opinions, de points de vue.

Le conflit peut être déclaré **ouvertement** entre les protagonistes concernés. En revanche, le conflit **latent** est un conflit « masqué » pour des raisons multiples : la peur du regard des autres, la peur du conflit déclaré, etc.

Ce dernier type de conflit se traduit par des non-dits pesants, de l'absentéisme, du stress, des retards, une non-qualité...

3 Les sources des conflits

Source	Description
Organisationnelle	• Quand un événement remet en cause la liberté et / ou l'identité d'un collaborateur. • Le manager opérationnel doit être vigilant dans les cas où l'esprit d'équipe est en mutation et / ou l'équilibre des relations change pour les raisons organisationnelles. • La notion organisationnelle peut concerner plusieurs fonctions : le contrôle, la mise à disposition des outils, des ressources, l'incompatibilité des objectifs fixés, le manque de communication, etc.
Psychologique	• Les conflits peuvent trouver leur source dans la personnalité des individus. • Les résultats de cette source de conflits peuvent se traduire de façon suivante : la violence, l'épuisement professionnel, l'agressivité, la frustration... et ont pour point commun la durée assez longue de leurs effets.

Fiche Repères 2

Les techniques de gestion du conflit

1 Les enjeux

La gestion et la résolution du conflit permettent de trouver une solution concrète à une problématique identifiée. La résolution du conflit doit amener les acteurs concernés à rechercher des solutions permettant de modifier l'organisation du travail et / ou la mise à jour de la répartition des tâches au sein d'une équipe commerciale.

2 Les stratégies de gestion des conflits

Stratégies de gestion des conflits			
Stratégie d'évitement	Stratégie d'affrontement		Stratégie de désamorçage
Ne pas identifier le conflit, et surtout éviter d'en parler	Rapport de force : le manager impose sa solution	Intégration : mettre un échange permettant d'instaurer la relation « gagnant - gagnant »	Obtenir un accord commun entre les parties concernées
Cette pratique est déconseillée, car elle conduit souvent à d'autres conflits	Cela peut être efficace dans les situations de crise. Ne pas utiliser dans toutes les situations	C'est la meilleure des techniques de gestion des conflits	Cette pratique permet de faire disparaitre le conflit temporairement

La stratégie de la prise en charge du conflit impacte le résultat obtenu.	
• La stratégie mise en place peut être **conflictuelle**, ou appelée également « **gagnant / perdant** ».	• La stratégie peut être **coopérative**, appelée également « **gagnant / gagnant** ».

3 Les techniques de gestion des conflits

En matière de gestion de conflits, pour un manager, il est primordial de comprendre les comportements qu'une personne pourrait démontrer. Il est donc important d'adapter la méthode selon la situation donnée.

Techniques	Description des demarches
Conciliation	Cette technique met en avant l'ambiance de travail générale et la bonne volonté pour arranger la situation.
Compromis	Les deux parties négocient une solution possible. Cette démarche peut être intéressante dans le cas où la coresponsabilité est recherchée et / ou lorsque la situation ne mène nulle part.
Compétition	Lors d'un conflit, les deux parties (ou une des deux) prennent fermement leurs positions. Cette technique peut être efficace dans une situation où il y a une urgence.
Collaboration	Cette technique vise à créer le dialogue entre les parties concernées. Dans ce cas, le manager fait preuve d'ouverture devant les éléments factuels.

4 Les outils de gestion de conflit

A. La méthode DESC

Le manager peut utiliser la méthode DESC : 4 étapes permettant de gérer le conflit d'une manière assertive.

Éléments de la méthode	Description des éléments	Exemples d'utilisation
1. D comme « Décrire la situation »	Décrire la situation, en s'appuyant sur les faits, les arguments.	*« Charles, je n'ai pas reçu le document X que tu devais me fournir hier pour le client Y. »*
2. E comme « Exprimer ses émotions »	Exprimer ce que cette situation conflictuelle provoque en termes de ressenti. Utiliser « Je » pour en parler.	*« Le client Y était très énervé. Cette situation m'a mis(e) mal à l'aise. J'étais également hors de moi de ne pas pouvoir apporter la réponse, que j'attendais de ta part. »*
3. S comme « Solutions »	Proposer une alternative constructive. Être assertif c'est être force de proposition. Il est également important de demander à l'interlocuteur ce qu'il pense des suggestions proposées.	*« Je te propose de m'informer en amont si tu ne peux pas répondre à ma requête dans les temps. »*
4. C pour « Conséquences positives »	Mettre en avant les avantages de cette solution pour les 2 parties, la relation « gagnant-gagnant ».	*« Ainsi nous pourrons anticiper vis-à-vis du client et être tous les 2 plus à l'aise pour lui répondre. »*

B. La méthode SMART

En définissant les règles, le manager avec son équipe évite les incertitudes qui peuvent être à la base des tensions, et donc se transformer en conflits.

Éléments de la méthode	Description des éléments
S comme « spécifiques et simples »	Ce critère garantit la bonne compréhension des objectifs par l'ensemble de l'équipe. L'objectif doit être adapté à la compréhension des équipiers.
M comme « mesurables »	Les objectifs doivent être quantifiables. Il faudra donc définir clairement des indicateurs de qualité et de quantité.
A comme « ambitieux »	Les objectifs fixés doivent apporter une amélioration, une progression.
R comme « réalistes »	Les personnes concernées par l'objectif doivent disposer des outils, des moyens afin de réaliser ces objectifs. L'objectif doit avoir du sens pour ceux qui le réalisent.
T comme « définis dans le temps »	Il est important de fixer une limite de temps pour l'atteinte des objectifs.

Vidéo 2'41

Fiche Repères 3

Les situations de crise

1 Les enjeux

La gestion des situations de crise comprend :

- **anticiper** les événements de risque ;
- mettre en place une politique permettant de **réduire les risques** en amont.

2 Les différents types de situations de crise

Le management des crises est un ensemble de techniques permettant d'étudier des facteurs susceptibles de toucher directement et indirectement l'activité de l'enseigne, et apporter les solutions managériales.

Type de crise	Description	Exemples
Crise fonctionnelle	La crise peut naître à cause d'un mécontentement par rapport aux composants du produit ou au fonctionnement de l'entreprise.	*La campagne de mécontentement exprimé par l'ONG Greenpeace contre le chocolat Kitkat de Nestlé où la présence d'huile de palme est reprochée.*
Crise accidentelle	La crise est provoquée par un événement non désiré par l'organisation de l'entreprise.	*Lorsque le Costa Concordia fait naufrage, la crise dépasse l'organisation de l'enseigne, car le commandant du navire a pris la décision tout seul concernant la navigation.*
Crise technique	La crise provient d'un dysfonctionnement technique.	*En 2012, suite à un dysfonctionnement informatique du site Internet, l'enseigne Carrefour met en promotion un appareil photo (pour un prix particulièrement bas). L'enseigne refusera donner suite aux plusieurs commandes.*
Crise juridique	La crise provient suite à un procès que l'enseigne initie ou subit.	*En 2014, le restaurant Il Giardino a entamé le procès afin de condamner une blogueuse culinaire pour avoir posté une critique culinaire.*
Crise communicationnelle	La crise provient de la communication organisée par l'enseigne.	*La publicité de Nivéa mettait en avant une personne de couleur noire porter une ancienne version d'elle-même, avec un slogan* Re-civilize yourself.

Vidéo 3'00

Vidéo 4'40

3 Le plan opérationnel de la gestion de crise

Sur le plan opérationnel, l'évaluation des risques professionnels consiste à identifier les crises auxquelles sont soumis les collaborateurs de l'enseigne. Suite à cela, une analyse permettant de mettre en place des actions préventives pertinentes. Pour cela, le manager opérationnel doit :

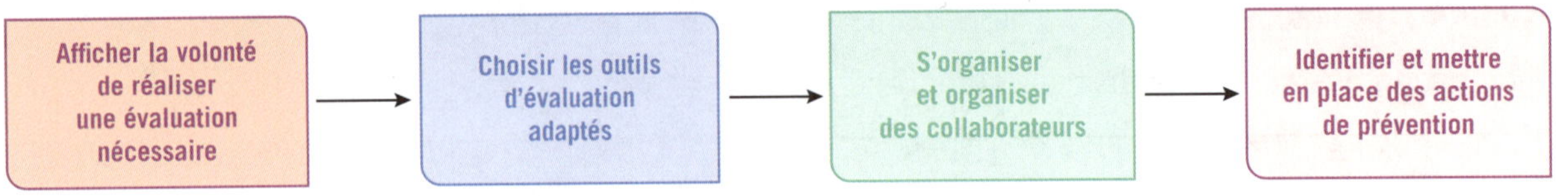

Une démarche opérationnelle d'évaluation des risques doit être mise en place :

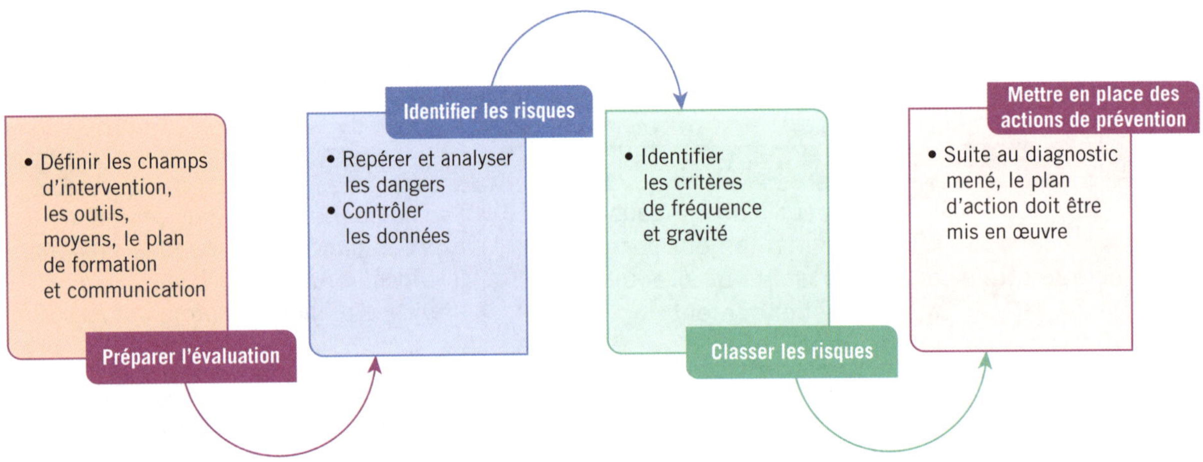

4 Le plan de communication de la gestion de crise

Afin d'assurer la cohérence des décisions prises sur le pan opérationnel, le manager doit préparer le plan de communication de gestion des situations de risque :

- **prévoir des réunions de crise** (et entretiens individuels) avec les parties prenantes (internes et externes) concernés ;
- **maintenir la cohésion** de l'équipe (des équipes) ;
- **débriefer l'événement de la crise** avec les parties prenantes concernées, afin de faciliter la mise en place des actions correctives ;
- **communication interne :** informer l'ensemble des collaborateurs l'entreprise ;
- **communication externe :** préserver l'image de l'enseigne par les biais des médias.

Applications

APPLICATION 1 Analyser les indicateurs sociaux

Vous travaillez dans le département de la gestion des ressources humaines dans une association d'aide à domicile Eliad. Votre direction a mis en place un baromètre social d'Eliad afin de mesurer le bien-être des collaborateurs et son évolution. Il s'agit notamment d'un questionnaire diffusé informatiquement d'une manière anonyme à l'ensemble des salariés, en CDI. La direction du site décide de vous missionner sur ce dossier.

1. Indiquez l'importance d'analyse des indicateurs sociaux. Précisez les conséquences si le manager opérationnel n'accorde pas d'importance à ces données.
2. Analysez les indicateurs sociaux proposés dans le document. Qu'en déduisez-vous ?
3. Classez les indicateurs par l'ordre d'importance, en justifiant votre réflexion.
4. Proposez un plan d'actions, en lien avec les valeurs de l'établissement.

Fiche Repères 1
Fiche Méthode 1

DOC. Baromètre social (extraits)

Q35. les deux principales raisons qui m'inciteraient à quitter l'association sont...

Réponses obtenues : 494 *Question ignorée* : 37

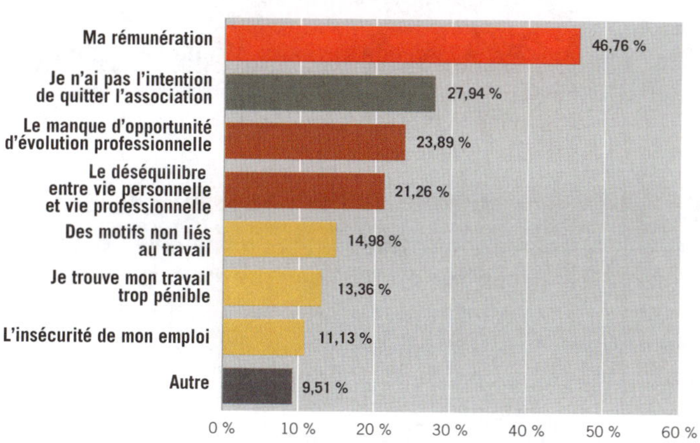

Q27. Il y a de réelles opportunités d'évolutions professionnelles au sein de mon association...

Réponses obtenues : 499 *Question ignorée* : 32

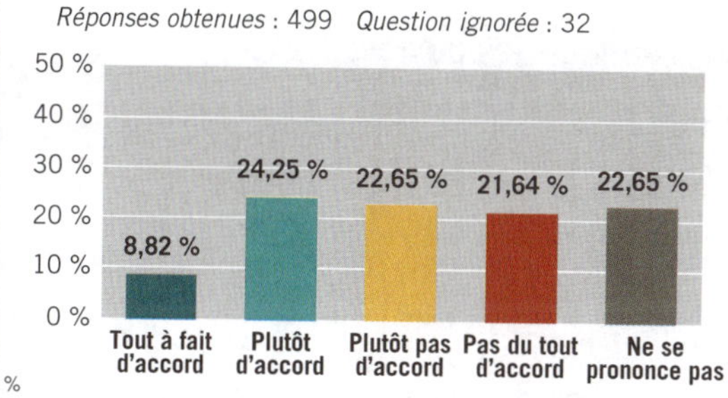

Q20. A propos de mon responsable, je dirais qu'il...

Réponses obtenues : 503 *Question ignorée* : 28

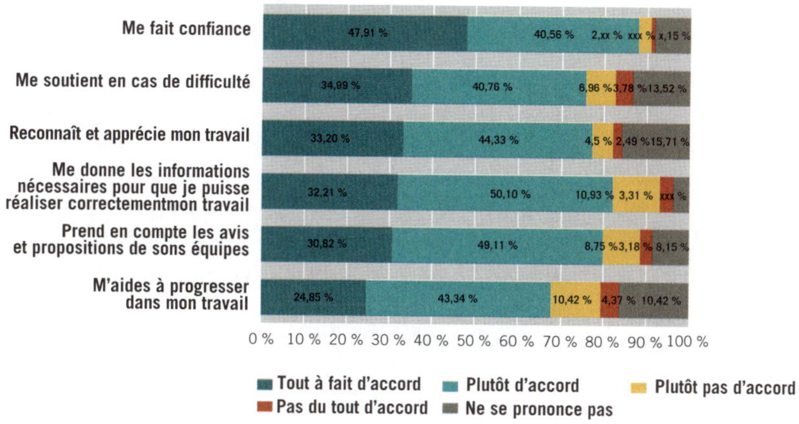

www.eliad-fc.fr

Applications

APPLICATION 2 Identifier les facteurs de RPS

Caroline vient d'intégrer l'équipe d'une agence d'intérim en tant que stagiaire en RH. Afin de répondre au mieux à l'ensemble des attentes des candidats, mais aussi des entreprises commanditaires, la direction de l'agence souhaite réaliser une étude des facteurs généraux des risques psychosociaux. Caroline a réalisé au préalable une recherche documentaire. La tutrice de Caroline souhaite l'impliquer davantage dans ce dossier.

1. **Indiquez les impacts des RPS sur le fonctionnement de l'entreprise.**
2. **À partir des éléments relevés dans le document, identifiez les facteurs RPS (complétez votre réflexion en apportant les repères théoriques).**
3. **Proposez une démarche de prévention possible permettant de répondre aux risques identifiés. Priorisez les actions proposées.**

Fiche Méthode 1
Fiche Méthode 3
Fiche Méthode 2

DOC Malades du travail

De 30 000 à... 3 millions. Telle est l'impressionnante fourchette qui permet d'évaluer, en France, le nombre de personnes touchées par le burn-out (épuisement professionnel). Le premier chiffre est avancé par l'Institut de veille sanitaire (InVS), le second par un cabinet spécialisé dans la prévention des risques. Une estimation pour le moins imprécise, qui en dit long sur la difficulté à appréhender aujourd'hui le phénomène. [...]

Le spécialiste de la formation professionnelle [CEGOS] s'est notamment intéressé au stress subi par les salariés. « Son intensité ne cesse d'augmenter, commente Virginie Loye, responsable des formations en ressources humaines chez Cegos. Le niveau d'intensité du stress perçu par les collaborateurs et managers a presque doublé en un an : 72 % des salariés et 79 % des managers évaluent leur niveau de stress à 7 et plus [sur une échelle de 0 à 10], contre respectivement 38 % et 41 % en 2014. » [...]

Les jeunes diplômés n'échappent pas au phénomène. Le champ de la recherche sur leur rapport aux risques psychosociaux reste en grande partie à explorer. Mais des enquêtes permettent de pointer leur sensibilité au stress. « Il n'épargne personne, et ce sont [...] les jeunes et les seniors qui affichent les niveaux les plus élevés », confirme Mme Loye. Le baromètre Cegos indique ainsi que, sur une échelle de 0 à 10, 48 % des 18-25 ans placent leur niveau de stress à 8 et plus, contre 37 % pour les 25-39 ans, et 40 % pour les 40-50 ans. De même, 87 % de ces 18-25 ans estiment que ce stress a un impact négatif sur leur santé, contre 83 % des 25-39 ans et 82 % des 40-50 ans.

Pourquoi seraient-ils particulièrement exposés ? Le sujet apparaît particulièrement difficile à apprécier. « Les facteurs de souffrance au travail et de déclenchement de pathologies sont multiples et ne sont pas uniquement dus à la vie en entreprise elle-même, mettent en garde Catherine Lainé, spécialiste des enjeux relations humaines (RH) chez Cegos. Le monde extérieur ou la vie privée peuvent être également des facteurs de stress importants. » Plusieurs éléments peuvent toutefois favoriser le mal-être au travail des nouveaux arrivants : précarité de l'emploi, peur de perdre son poste, nécessité de faire ses preuves, compétition entre jeunes talents, mais aussi l'obligation d'évoluer dans un nouvel univers dont il faut rapidement saisir les codes. [...]

François Desnoyers, www.lemonde.fr, 16 mars 2016.

APPLICATION 3 Identifier et gérer les conflits

Vous travaillez en tant que directeur(trice) adjoint(e) dans un magasin du bricolage de la région du nord de France. Vous avez constaté une dégradation du climat social au sein de votre équipe. Vous envisagez mettre en place certaines actions managériales permettant de résoudre cette situation. Mais avant cela, vous souhaitez obtenir la validation du directeur du magasin.

1. **À l'aide de vos repères théoriques et à partir des données présentées dans le document, précisez l'importance du climat social favorable dans le contexte professionnel.**
2. **Indiquez les différents types de conflits pouvant naître de la situation donnée ?**
3. **Listez les solutions possibles à mettre en place à court et à moyen terme.**
4. **Indiquez les attitudes managériales à adopter pour gérer cette situation.**

Fiche Repères 1
Fiche Repères 2

DOC 1 La démotivation des salariés : analyse et actions pour redonner le moral

La démotivation d'un salarié au travail peut provenir du salarié ou du manager.

Un salarié peut se retrouver démotivé de son travail par une simple exaspération de son quotidien et des missions qu'il a à accomplir. De ce fait, tout lui semblera inadapté avec la vision qu'il a de son travail et de ce qu'il recherche.
D'autre part, un salarié peut perdre sa motivation à cause de son manager. Que le management soit correct ou non, tout est question de jugement et de perception. Un collaborateur peut s'épanouir dans un travail, avec son quotidien et l'équipe en place. Mais son collègue de bureau n'en peut plus et se démotive complètement. Chaque personne visualise une situation à sa manière.

Lorsque le manager se rend compte qu'un employé commence à se démotiver, ou si le cycle de démotivation est déjà en place, il est très important de se mettre rapidement à l'action afin d'éviter une généralisation au sein du service. Même si chaque personne peut réagir différemment face à une situation, il existe de nombreux signes distinctifs d'un collaborateur qui est en perte de vitesse. Le manager doit savoir les repérer pour agir.
Le dialogue est élément crucial dans cette situation afin de comprendre les causes de ce comportement et analyser les conséquences d'une démotivation d'un salarié. Enfin, le manager doit pouvoir prendre des mesures pour vaincre cette démotivation, récupérer le salarié et retrouver un équilibre dans son équipe et au sein de l'entreprise.

www.compta-online.com

Applications

APPLICATION 4 Établir le dialogue social

En tant que stagiaire, vous avez intégré une agence immobilière, dont l'effectif est 14 personnes. Lors de votre embauche, vous avez exprimé un fort intérêt de travailler sur les dossiers du management.
Dans le cadre de la réforme du Code du travail (des ordonnances d'État du 22 septembre 2017), votre direction souhaite mettre en place un Comité Social et Économique (CSE). De plus, plusieurs indicateurs sociaux sont en baissent au sein de l'agence. La direction vous sollicite afin de participer dans ce projet.

1. À partir des informations relevées dans la vidéo, synthétisez les principaux rôles, missions du CSE.
2. À l'aide des informations présentées dans le document 2, proposez une méthodologie permettant de mettre en place le CSE au sein de l'unité commerciale.

Fiche Méthode 1

DOC 1 Les 10 points essentiels à retenir sur CSE

Vidéo
1'44

DOC 2 CSE au sein de votre entreprise

[...] Le CSE est mis en place à l'issue d'une élection dont les modalités sont prévues par un protocole d'accord préélectoral entre l'employeur et les syndicats, ou, en cas de désaccord, par décision unilatérale de l'employeur.
Les élections des membres du CSE doivent être organisées dès lors que l'effectif de l'entreprise a atteint 11 salariés pendant 12 mois consécutifs. L'employeur les organise tous les 4 ans.
Dans les entreprises pourvues de délégués du personnel ou d'un comité d'entreprise et d'un CHSCT, le CSE doit être mis en place au terme de leurs mandats. [...]
L'employeur invite et négocie avec les syndicats un protocole d'accord préélectoral pour organiser les élections et en définir les modalités. L'employeur informe les salariés de la date du scrutin.
Le scrutin est organisé dans les 90 jours qui suivent l'information des salariés. L'élection a lieu au scrutin secret sous enveloppe ou par vote électronique.
Les salariés âgés de 18 ans révolus, travaillant dans l'entreprise depuis un an au moins, sont éligibles à l'exception des conjoints, partenaire de Pacs, concubin, ascendants, descendants, frères, sœurs et alliés au même degré de l'employeur. Les salariés travaillant à temps partiel simultanément dans plusieurs entreprises ne sont éligibles que dans une.
Tous les salariés âgés de 16 ans révolus, travaillant depuis 3 mois au moins dans l'entreprise quelle que soit leur nationalité. L'inspecteur du travail peut autoriser des dérogations aux conditions d'éligibilité ou pour être électeur, après avoir consulté les organisations syndicales représentatives dans l'entreprise. [...]
L'employeur met à la disposition des membres de la délégation du personnel du CSE un local pour leur permettre d'accomplir leur mission et, notamment, de se réunir. Les salariés membres du CSE bénéficient de crédit d'heures, en fonction de l'effectif de l'entreprise. Le CSE est doté, dans les entreprises de plus de 50 salariés, d'un budget de fonctionnement et d'un budget destiné aux activités sociales et culturelles.

https://travail-emploi.gouv.fr

Thème 4

8 Mesurer et analyser les performances individuelles et collectives et proposer des actions d'accompagnement

COMPÉTENCES
- → Concevoir et analyser un tableau de bord de suivi de l'équipe
- → Mesurer et analyser les performances individuelles et collectives
- → Proposer des actions d'accompagnement

FICHE MÉTHODE 1
Comment concevoir un tableau de bord et réaliser un diagnostic des performances ?

LE CAS
Casa

FICHE REPÈRES 1
Les principaux indicateurs du tableau de bord

APPLICATIONS

8

FICHE REPÈRES 2
Les actions de remédiation

LE CAS **CASA**

- **Activité**
Distribution de produits de décoration et d'ameublement
- **Stratégie**
Stratégie de prix bas. Casa innove avec un concept de magasin complètement adapté aux clients.
- **Chiffres clés**
  - 51,7 Mds d'euros de chiffre d'affaires HT en 2017
  - 345 396 collaborateurs
  - 90,8 % du capital détenu par l'association familiale Mulliez et 9,2 % par 262 977 collaborateurs actionnaires
  - 3 715 points de vente sous enseignes
- **Classement**
  - 11e distributeur alimentaire mondial (source Deloitte)
  - 35e employeur dans le monde (source Fortune)
- **Unité commerciale**
Casa Béziers
- **Localisation**
Lieu-dit La Gineisse, 34500 Béziers
- **Horaires ouverture**
Ouvert du lundi au vendredi de 10 h à 13 h et de 14 h à 19 h. Ouvert sans interruption le samedi
- **Surface de l'UC**
560 m^2

Site web

8

LE CAS CASA

casa

En 2017, Casa a lancé sa boutique en ligne Click & Collect. Les clients peuvent désormais faire une commande sur le site Internet dans le magasin de leur choix, payer les produits en ligne et aller les récupérer 4 heures après dans le magasin sélectionné.

Vous êtes diplômé(e) du BTS Management Commercial Opérationnel et vous avez postulé(e) pour devenir adjoint au responsable de magasin chez Casa pour le magasin de Béziers. Durant votre période d'essai, vous devez faire vos preuves quant à l'usage des indicateurs et l'exploitation des tableaux de bord. C'est une compétence incontournable pour réussir à ce poste.

→ **Vous êtes sous la tutelle du délégué régional qui teste vos connaissances.**

MISSION 1 Construire et exploiter un tableau de bord

Annexes 1 et 2

En tant qu'adjoint au responsable de magasin, vous serez notamment chargé(e) de faire le point sur l'activité de l'UC. Il vous faut pour cela construire un tableau de bord adapté.

1. Recherchez, à partir des informations présentes en magasin, les indicateurs qui pourraient vous servir à évaluer le travail de l'équipe en magasin.
2. Construisez un tableau de bord exploitable par l'équipe au quotidien.

Fiche Repères 1

Vous devez au début de chaque mois faire la synthèse du mois précédent. Vous avez votre premier tableau de bord à exploiter.

3. Complétez le tableau de bord.
4. Analysez les performances de votre point de vente en le comparant à ceux de la région et concluez.

Fiche Méthode 1

MISSION 2 Évaluez les performances de l'équipe

Annexes 3 et 4

Vous avez reçu la visite du délégué régional qui vous a remis son compte rendu de visite. À partir des résultats de la journée et de son compte rendu, vous faites un bilan de votre équipe. Vous devrez ensuite recevoir chaque salarié pour un entretien bilan.

5. Calculez les indicateurs intéressants pour évaluer le travail individuel de vos salariés.
6. Dressez un bilan individuel afin de préparer les entretiens.
7. Ce bilan sur la journée du samedi 6 octobre est-il suffisant ? Justifiez votre réponse.

Fiche Méthode 1

MISSION 3 Proposez des actions de remédiation

Annexes 3 à 6

Après avoir étudié vos tableaux de bord et rencontré chaque membre de l'équipe, vous devez faire un bilan et proposer des actions de remédiation.

8. À l'aide de vos précédents travaux, complétez le tableau de bord général de Casa Béziers et mettez en valeur les écarts significatifs.
9. Proposez des actions commerciales à mettre en place pour transformer les écarts négatifs en positifs au prochain bilan.

Fiche Repères 2

AUTO-ÉVALUE-TOI !

	😊	😐	☹
Je choisis les indicateurs utiles.			
Je construis un tableau de bord adapté.			
Je sais exploiter les données du tableau de bord.			
Je trouve des axes de progression et des actions de remédiation.			

ANNEXE 1 Extrait de la feuille de route du magasin de Béziers

Semaine 41 (8 au 14 octobre N)

	Nombre d'entrées	Nombre de tickets de caisse	Chiffre d'affaires en euros	Objectif de chiffre d'affaires N en euros
Lundi	103	5	91,60	100
Mardi	146	4	72,46	150
Mercredi	189	9	208,90	250

ANNEXE 2 Tableau de bord d'octobre N

Suivi des performances commerciales (octobre N)

Magasins	CA en euros		Taux d'évolution du CA en euros	Nombre de clients		Taux d'évolution du nombre de clients	Panier moyen en euros		Taux d'évolution du panier moyen	Taux de remise		Taux de transformation
	N	N – 1		N	N – 1		N	N – 1		N	N – 1	N
Avignon centre	36 265	45 744		3 193		– 19,97	11,4	11,5		17,92	2,15	2,6
Montpellier Pérols	100 011		– 9,22	5 479	5 132		19,5		– 2,98	2,14	2,14	3,2
Nîmes centre	82 347	90 028		6 207	6 718		13,3	13,4		2,85	2,18	2,4
Marseille valentine	98 048	101 490			5 391	– 2,63	18,7	18,8		1,88	1,22	3
Béziers	81 003	79 230		3 569	3 458		22,7	22,9		1,86	1,56	3,5
Salon de Provence		73 231	– 3,32	3 635	3 662			20		2,46	1,85	3,2
Marseille centre	102 460	105 784		7 609	7 677				– 2,17	1,91	2,25	2,3
Montélimar	75 098	70 970		3 714	3 652		20,2	19,4		3,4	1,66	2,8

ANNEXE 3 Fiche de visite du délégué régional

CASA : *Béziers* N° : *220* Le : *22/10/N (samedi)*
CR de visite réalisé avec : *RM* Fonction : *DR*
Horaires de visite : *de 14 h à 16 h*

Note générale du magasin : *5*/10
Actions immédiates pour augmenter la note du magasin :

1. *Affichage prix/promos*
2. *Refaire marchandisage*
3. *Ruptures de stocks*

Amélioration état du magasin + divers : quelles actions ? *7*/10

- *Magasin propre mais donne l'impression d'être encombré*
- *Trop de personnel*

Présentation produits : quelles actions ? *6*/10

- *Enlever produits « été »*
- *Table trop chargée*

Stock : quelles actions ? *6*/10

- *Éviter les ruptures de stocks sur bougies*
- *Pas assez de références présentées sur serviettes de table*

Affichage : quelles actions ? *3*/10

- *Manque prix !!*
- *Affichage promo inexistant*

Suivi des notes d'infos : quelles actions ?
/

Délai de réalisation : *06/11*

Signature :
F. L.

ANNEXE 4 Tableau de bord samedi 6 octobre N

Suivi individuel des résultats (06/10/N)

	CA	Objectif			Nombre de clients encaissés	Marge	Scoring visite / 100
		CA	PM	Taux de marge			
Lorie (10 h - 16 h) 26 ans CDD 6 mois 24 h	1 321	1 000	25	39	67	505,42	75 👍 Accueil, Attitude 👎 Vente complémentaire
Naïs (10 h - 17 h) 37 ans CDI 35 h	865	1 200	25	39	56	347,82	60 👍 Rangement, étiquetage 👎 Amabilité, disponibilité
Miguel (13 h – 19 h) 33 ans CDI 30 h	1 659	2 000	25	39	55	649,33	90 👍 Conseil, vente additionnelle 👎 Tenue vestimentaire
Zita (14 h-19 h) 49 ans, adjointe CDI 35 h	2 016	1 800	25	39	74	750,15	70 👍 Conseil meubles, MEV magasin, vente additionnelle 👎 Manque d'empathie
Total	**5 861**	**6 000**			**252**	**2 252,72**	

ANNEXE 5 Tableau de bord général

Octobre N – magasin Béziers

Taux d'évolution octobre N / octobre N – 1							
Chiffre d'affaires	Nombre de clients	Panier moyen	Taux de remise	Taux de transformation	Taux d'encartage	Taux de démarque	Taux de marge
					6,56 %	1,02 %	– 1,59 %

ANNEXE 6 Photos du marchandisage préconisé par Casa

Mon bloc-note

8

Comment concevoir un tableau de bord et réaliser un diagnostic des performances ?

ENJEUX

- Construire un tableau de bord pertinent qui aide à la décision
- Calculer les indicateurs quantitatifs pertinents qui permettent une remediation
- Calculer les ratios permettant de piloter le point de vente efficacement

1 Concevoir un tableau de bord

Le tableau de bord est un outil de pilotage pour le manager, il doit l'aider à prendre des décisions.

Étape 1 : définir les objectifs du tableau de bord

À quoi et à qui va t-il servir ?

Exemple

Tableau de bord du magasin
↓
Évaluer la satisfaction de la clientèle
↓
Taux de satisfaction
Taux de retour produits
Notes et commentaires

Étape 2 : choisir les bons indicateurs

Attention à ne pas vouloir en mettre trop et ne pas les exploiter !

Étape 3 : construire le tableau de bord

Il faut utiliser :

- les **taux d'évolution** : (valeur d'arrivée – valeur de départ) / valeur de départ × 100 ;
- les **taux de réalisation des objectifs** : (réalisé / objectif) × 100 ;
- les **taux de contribution** : (valeur recherchée / total) × 100…

Exemple

		2016	2017	Taux d'évolution	Calculs	Utilité
Nombre de clients	Satisfaits ☺	450	493	+ 9,56 %	[(493 – 450) / 450] × 100	**Comparer 2 dates :** permet de mesurer l'évolution du nombre de clients mécontents, moyennement satisfaits ou totalement satisfaits (progression, stagnation ou régression) : taux d'évolution
	Moyennement satisfaits 😐	1 623	1 652	+ 1,79 %	[(1652 – 1623) / 1623] × 100	
	Mécontents ☹	2 154	2 016	– 6,41 %	[(2016 – 2154) / 2154] × 100	
	Total	4 227	4 161	– 1,56 %	En N – 1 : ☺ (450 / 4 227) × 100 = 10,65 % 😐 (1 623 / 4 227) × 100 = 38,40 % ☹ (2 154 / 4 227) × 100 = 50,96 %	Permet de **mesurer la part de chaque type de clients par** rapport au total : taux de contribution

	2016	2017	Taux d'évolution	Calculs	Utilité
Objectif nombre de clients	4 200	4 200			Permet de **vérifier si les objectifs sont atteint** (R > 100) ou non (R < 100)
Taux de réalisation du nombre de clients	100,64 %	99,07 %		N : (4 227 / 4 200) × 100 = 100,64 %	
Taux d'encartage	35 ; 23 %	39,79 %	+ 2,84 %		% de clients qui ont la carte de fidélité
Objectif du taux d'encartage	40	40			
Taux de réalisation du taux d'encartage	88,07 %	99,48 %	+ 12,96 %		• Le taux d'encartage a progressé (+ 2,84 %). Cela signifie que les conseillers l'ont proposé, l'ont mieux « vendu » ou que ses avantages sont plus intéressants. • En revanche, les objectifs ne sont pas encore atteints (88,07 % en 2016 et 99,48 % en 2017).

Étape 4 : construire le tableau de bord

Il faut bien choisir ses indicateurs pour les analyser. Ce sont ces derniers qui vont permettre une analyse et de proposer des actions correctrices.

- Surligner les écarts négatifs d'une couleur et les positifs d'une autre couleur pour vous aider à faire l'analyse.

Étape 5 : utiliser le tableau de bord

Il faut analyser les données et les exploiter (pourquoi ? Comment y remédier ? Etc.). Le tableau de bord doit être diffusé à l'équipe afin qu'elle soit partie prenante.

Remarque : Les unités commerciales en libre service ne permettent pas d'individualiser les résultats.

Les clients se servent seuls et sont encaissés indifféremment par un(e) hôte(sse). Comme il n'y a pas de conseil, le(a) conseiller(ère) de vente ne suit pas son client de son accueil à l'encaissement.

2 Réaliser un diagnostic des performances

Afin de réaliser un diagnostic des performances, il faut :

- **récupérer les informations chiffrées** adaptées à ce que l'on cherche à étudier ;
- **construire un tableau de bord** faisant apparaître les chiffres et les comparant à des données antérieures (année précédente, mois précédent, semaine précédente...).

A. Calculs à partir du chiffre d'affaires

➥ *Exemple de tableau de bord dans une UC en libre service*

Les résultats des individus ne peuvent pas être personnalisés car le personnel ne fait pas de ventes nominatives.

Rayons	CA en euros Semaine 41	CA en euros Semaine 40	Taux d'évolution S/S – 1	Contribution au CA		Taux d'évolution : contribution au CA	Objectif CA en euros	
				S – 1	S		S – 1	S
Femme	2 150	2 515	+ 16,90 %	49,26 %	56,05 %	13,78 %	2 000	2 200
Homme	350	362	+ 3,43 %	8,02 %	8,07 %	0,62 %	500	520
Enfant	1 865	1 610	– 13,67 %	42,73 %	35,88 %	– 15,66 %	1 500	1 700
Total	4 365	4 487	+ 2,79 %	100,00 %	100,00 %		4 000	4 420

Les CA permettent de calculer le taux d'évolution entre les 2 semaines

$$= \frac{\text{valeur d'arrivée} - \text{valeur de départ} \times 100}{\text{valeur de départ}}$$

Permet de mesure la place du rayon dans le magasin

$$= \frac{\text{CA rayon}}{\text{CA total}} \times 100$$

$$= \frac{\text{réalisé}}{\text{objectif}} \times 100$$

- Un **taux d'évolution négatif** signifie que le chiffre d'affaires, la marge... (ou tout autre indicateur) est en baisse par rapport à la période (année, semaine...) de référence. Il faudra donc en chercher les causes et y trouver des solutions.
- Lorsque le **taux de réalisation des objectifs** est supérieur à 100, les objectifs ont été atteints. Lorsqu'il est inférieur à 100, il faut trouver des axes de progression pour la période suivante.
- Le **taux de contribution** n'est pas à exploiter seul, il permet s'il est à la baisse de le confronter à d'autres indicateurs pour en trouver la cause.

On exploite toujours le tableau de bord du général vers le particulier.

➥ *Exemple pour ce tableau de bord*

- *Le chiffre d'affaires du rayon a légèrement évolué (+ 2,79 %) et atteint les objectifs fixés (101,52) en les dépassant très légèrement.*
- *Le rayon femme se porte très bien puisque son CA augmente de 16,90 %, que sa contribution au CA augmente de 13,78 %. Il dépasse ses objectifs de près de 25 %.*
- *Le rayon homme est problématique. Malgré sa forte part de marché, celle ci s'est écroulée de 7 points et le chiffre d'affaires a baissé de 13,67 %. Il n'atteint pas les objectifs (94,71 %).*
- *Le rayon enfant progresse (+ 3,43 %) mais sa part de marché est minime (8 %). Il ne fait même pas ¾ de ses objectifs.*
- *Il faut chercher les raisons de l'écroulement du rayon homme : une offre en inadéquation avec la demande, un nouveau concurrent, un manque d'attractivité en termes de prix... et y trouver des solutions.*

B. Calculs à partir de la marge

La marge est un indicateur primordial pour les unités commerciales puisqu'elle permet d'avoir une vision sur la rentabilité de l'entreprise par les coûts de revient.

Marge globale = Chiffre d'affaires HT – Coût d'achat des marchandises vendues

On peut calculer la marge unitaire (pour un produit).

Il est possible d'augmenter sa marge en :

- **augmentant le volume de ventes** des marchandises ;
- **diminuant les prix d'achat** des marchandises (en maintenant le même prix de vente) ;
- **évitant les baisses de** prix...

Pour pouvoir comparer les indicateurs, on parle de **taux de marge** et/ou de **taux de marque**.

$$\frac{\text{Marge du rayon}}{\text{Chiffres d'affaires}} \times 100$$

$$\frac{\text{Marge du rayon}}{\text{Coût d'achat des marchandises}} \times 100$$

Exemple

Rayons	CA Semaine 40 en euros	Marge en euros	Contribution à la marge	Taux de marge	Objectif de taux de marge	Taux de réalisation des objectifs
Femme	2 515	863	44,67 %	34,31 %	34,56 %	99,28 %
Homme	362	105	5,43 %	29,00 %	32,96 %	87,99 %
Enfant	1 610	964	49,90 %	59,87 %	57,26 %	104,56 %
Total	4 487	1 932	100,00 %	43,06 %		

$$\frac{\text{Marge du rayon}}{\text{Marge totale}} \times 100$$

***Remarque :** Bien choisir ses indicateurs pour mesurer la performance est essentiel !*

Parcours Entrepreneuriat

Les tableaux de bord doivent être informatisés (et automatisés) pour gagner du temps et limiter les erreurs. Ils peuvent être illustrer et/ou replacer avec des graphiques plus lisibles et plus ludiques pour l'équipe. Il est nécessaire de bien maîtrisés un tableur!

Fiche Repères 1

Les principaux indicateurs du tableau de bord

Le **tableau de bord** est un outil d'évaluation regroupant des indicateurs pour **l'aide à la décision**. C'est donc un **outil de pilotage et de management.**

Les informations se trouvent dans le système d'information.

1 Le rôle de l'évaluation de la performance

- **Le manager a pour mission d'évaluer les performances** de son équipe à travers des indicateurs, qu'il doit choisir. Un bon indicateur doit être spécifique, mesurable, actuel, réaliste et temporellement défini dans le temps (SMART).
- L'évaluation peut être quotidienne, hebdomadaire, mensuelle et/ou annuelle. Dans certains cas, elle a une incidence sur la rémunération (primes), sur la carrière (évolution) ou permet d'être formé.

Focus Rappel sur la performance

- Le manager gère un centre de profit, une unité autonome au sein de l'unité commerciale (un rayon, un secteur...) qui possède son propre chiffre d'affaires et donc ses propres coûts, dégage des bénéfices ou éventuellement des pertes. Il faut donc qu'il soit performant.
- La performance se mesure grâce à l'**efficacité** et l'**efficience**.
- L'**efficacité** consiste à atteindre un résultat fixé en mettant en œuvre les ressources disponibles.
- L'**efficience** est l'atteinte des objectifs en utilisant le moins de ressources possibles. Le salarié efficient est donc apprécié.

2 Les différents types d'indicateurs

Il existe deux types d'indicateurs.

- Les **indicateurs de résultat** permettent de mesurer l'écart par rapport aux objectifs fixés. Ils mesurent donc la performance.

➥ *Exemples*

CA, nombre de nouveaux clients, nombre de contrats validés...

- Les **indicateurs de suivi** permettent de mesurer une progression ou une régression par rapport à une valeur antérieure. Ils permettent de mettre en place des actions correctrices.

➥ *Exemples*

Taux de réalisation des objectifs, contribution au CA, taux d'évolution...

3 Les catégories d'indicateurs

Catégorie	Commentaire	Exemples
Indicateurs commerciaux	Les **indicateurs qualitatifs** renseignent sur la qualité du travail fourni par l'équipe.	• *Indice sur la qualité de service* • *Indice sur la satisfaction des clients* • *Enrichissement des fichiers*
	Les **indicateurs quantitatifs** renseignent sur le volume d'activité généré par l'équipe commerciale.	• *Ventes additionnelles* • *Taux de transformation : peut être individualisé (nombre acheteurs / nombre d'accroche)* • *Panier moyen* • *Indice de vente* • *Nombre de tickets* • *% de clients fidèles* • *% de nouveaux clients* *Nombre de réclamations…*
Indicateurs financiers	Renseignent sur la rentabilité des actions menées par les équipes	• *CA* • *Marge* • *Taux de marque* • *Taux de marge* • *Taux de démarque…*
Indicateurs managériaux	Mesurent le climat social	• *Taux d'absentéisme* • *Turn over* • *Nombre de journées d'absence* • *Nombre de retard* • *Nombre de journées de formation…*

Dans le tableau de bord, il faut pouvoir comparer, mesurer les écarts… Il faut donc utiliser :

- le taux d'évolution ;
- le taux de réalisation ;
- la comparaison réalisé/objectif.

Fiche Méthode 1

Fiche Repères 2

Les actions de remédiation

Le manager doit être capable de **hiérarchiser les informations**, de les **analyser** pour **transmettre les résultats**. Les équipes peuvent aussi avoir accès aux tableaux de bord afin de les sensibiliser aux résultats.

Comment agir sur les indicateurs ?

- Il existe des **leviers pour faire évoluer les indicateurs** dans le « bon » sens à l'intérieur de l'unité commerciale. Cependant, il faut tenir compte de l'environnement (concurrence, conjoncture économique...) pour trouver des solutions.
- Attention, le manager ne peut prendre toutes les décisions, l'appartenance à un réseau nécessite d'**harmoniser les pratiques**.

Indicateur à améliorer	Actions de remédiation	Objectif
• Nombre d'entrées dans l'unité commerciale • Nombre de nouveaux clients	• Offres promotionnelles diffusées média et hors média • Événements exceptionnels (visite de « people », jeu concours...) • Vitrines attractives...	• Susciter l'intérêt • Se différencier de la concurrence
• Taux de transformation • Panier moyen • Indice de vente • Ventes additionnelles ↓ • Chiffre d'affaires	• Marchandisage de séduction • Mise en avant des « incontournables » • Prise en charge du client par un(e) vendeur(se) • Proposition d'offres groupées (1 + 1, 2 + 1...) • Aucune rupture de stock	• Favoriser les achats d'impulsion • Devenir l'enseigne préférée des clients
Taux d'encartage	• Proposition systématique de la carte de fidélité en caisse • Offres liées à la carte de fidélité	• Avoir un fichier client
Taux de démarque	• Surveillance des vols • Affichage des conditions en cas de casse • Surveillance des dates limite de consommation	• Dissuader le voleur • Faire prendre conscience aux clients, au personnel de la fragilité des produits • Éviter la perte de produits périssables

Fiche Repères 2

Indicateur à améliorer	Actions de remédiation	Objectif
• Marge • Taux de marque • Taux de marge	• Respect des préconisations en termes de prix • Diminution de la démarque	• Conserver un ratio de rentabilité intéressant
Indice de satisfaction des clients	• Affichage des prix et des conditions générales de vente • Respect de la charte client • Proposition de services • Personnel agréable et professionnel	• Être le mieux placé pendant les enquêtes de notoriété • Favoriser le bouche-à-oreille
• Taux d'absentéisme • Turnover • Nombre de retards	• Politique de ressources humaines : formation, rémunération, reconnaissance… • Management participatif	• Conserver les salariés expérimentés • Impliquer les salariés dans les décisions

Applications

APPLICATION 1 Concevoir et analyser un tableau de bord de suivi de l'équipe

Pour le lancement de la nouvelle Freebox V7, Free a lancé un challenge au sein de ses unités commerciales. En tant que stagiaire, vous aidez votre manager à préparer son suivi avec le directeur régional.
- Pour la première semaine, l'objectif était de 150 contrats validés.
- Nombre de prospects entrés dans l'unité commerciale : 801.
- Nombre de prospects à qui un argumentaire a pu être présenté : 469.
- Nombre de prospects intéressé par un devis : 254.
- Nombre de contrats validés : 161.

1. Concevez un tableau de bord en recherchant les indicateurs.
2. Interprétez les résultats.
3. Quelles sont les informations manquantes pour évaluer l'équipe ?

Fiche Méthode 1
Fiche Repères 1

APPLICATION 2 Mesurer et analyser les performances individuelles et collectives

Stagiaire dans une banque, votre manager vous donne comme mission d'accueillir chaque client entrant afin de leur proposer le téléchargement de l'application « Ma banque ». Dans le même temps, vous devez les persuader de vous donner des informations afin de compléter leur fiche client. Vous avez comme objectif 3 téléchargements par jour.

1. Analysez vos performances sur la semaine en construisant le tableau de bord adéquat.
2. Cherchez des solutions pour améliorer vos résultats.

Fiche Méthode 1
Fiche Repères 1
Fiche Repères 2

Applications

DOC.

	Entrants	Contacts établis	Démonstration de l'application	Clients intéressés mais téléchargement non effectué sur place	Téléchargement effectué sur place	Base de données complétée
Lundi	25	13	6	4	1	8
Mardi	38	16	7	4	2	12
Mercredi	29	21	13	7	3	15
Jeudi	14	12	8	3	4	10
Vendredi	36	20	14	6	5	14

Nombre de contacts établis : vous avez expliqué en quoi concerne l'application.

APPLICATION 3 Proposer des actions d'accompagnement

Leroy Merlin met en place le « Top Accueil » services clients afin d'avoir un indicateur qualitatif sur les standards de l'entreprise.
Chaque salarié doit établir 10 contacts / mois.

	Où ?	Objectif	Nombre de points
Dans le magasin	Accueil	1	10
	Ligne de caisse	1	10
	Caisse bâti	1	10
	Caisse libre service	1	10
	Espace Carte maison	1	10
	Reprise marchandise	1	10
À distance	Appels	2	30
	Courriel réclamation client	1	30
	Courriel demande d'information	1	30
Total		10	480

Pour chaque contact, le client mystère remplit une fiche d'analyse.

1. **Combien de points a obtenu un magasin qui a un score de 67 % de réussite ?**
2. **Analysez les performances d'Alice et François.**
3. **Quels conseils pouvez-vous leur donner afin d'augmenter leurs résultats ?**

Prolongement informatique : Automatiser les tableaux de bord en intégrant notamment la fonction « si ».

DOC. **Fiche d'analyse : encaissement au bâti**

La caisse bâti est un passage obligé de la cour des matériaux et parfois le seul contact d'un client avec un collaborateur. On y attend de la disponibilité, de l'écoute, de l'efficacité, de la relation et de la reconnaissance.

Évaluation 09/11/2018		Alice	Pts	François
Badge visible	2 pts	OK	2	Difficilement visible
Tenue propre Leroy Merlin	2 pts	OK	2	Pantalon tâché et chemise chiffonnée
Bonjour relationnel et personnalisé – Bonjour en regardant le client et en lui souriant – Bonjour madame/Monsieur	2 pts 5 pts	Très souriante, bonjour à peine audible et non personnalisé	1 0	Souriante et salutation personnalisée distincte malgré le brouhaha
Nombre de clients en attente < 3 – Moins de 2 clients – Si 3 clients – Si 4 clients ou +	6 pts 0 pt – 4	Cherche la réponse à une question technique du client encaissé	0	Très rapide, limite expéditif
Demande de la carte Maison (après avoir bipé les produits)	5 pts	Avec naturel	5	La prend uniquement si le client le donne
Annonce du montant	2 pts	OK	2	OK
Paiement sans contact si < 20€	5 pts	Le propose mais ne fonctionne pas	5	OK
Prise de congé relationnelle et personnalisée – Formule de prise de congé en regardant le client et en lui souriant – Prise de congé personnalisé (Mme / M.)	2 pts 5 pts	« À bientôt, merci pour votre visite monsieur » : Phrase systématique	2 5	Au revoir monsieur (très dynamique)
Scénario Contrôle de marchandises (correspondance marchandises/références) Détection nouveaux emménagés / clients à projet Écoute client (remarque prise en charge sous 24h)	24 pts	Fait des remarques sur les produits achetés (commentaires positifs) Regarde bien l'adéquation produit/prix Discute avec les clients pour savoir pourquoi ils achètent	20	Va très vite, ne s'occupe pas du contrôle des marchandises (ne regarde pas l'écran de caisse), fait le minimum de discussion avec le client mais répond correctement aux questions
SCORE	61		44	

APPLICATION 4 Analyser les performances de l'équipe des univers

Le PAL est un parc de loisirs et animalier situé à Saint-Pourçain-sur-Bresle dans la région Auvergne-Rhône-Alpes, dans le département de l'Allier. Ce parc de loisirs voit sa fréquentation augmenter (plus de 640 000 visiteurs en 2018) et remplit chaque année ses 31 lodges. Recruté(e) en tant qu'assistante commerciale senior chez Leclerc Voyages Clermont-Ferrand, vous devez développer et fidéliser la clientèle pour la formule « Entrée au Parc de loisirs + hôtel ». Vous analysez les résultats des ventes avant de faire des préconisations.

1. Concevez un tableau de bord pour le produit « parc + hôtel ». Complétez-le et commentez vos résultats.
2. Analysez les performances de l'équipe commerciale du Leclerc Voyages Clermont-Ferrrand.
3. Proposez les actions pour aider votre équipe à progresser et atteindre les objectifs fixés.

DOC 1. **Le nombre de formules « PAL + Hôtel » vendus**

	Objectifs			Réalisations		
	2016	**2017**	**2018**	**2016**	**2017**	**2018**
Clermont-Ferrand	1 420	1 490	1 562	1 398	1 512	1 520
Montluçon	265	276	300	263	281	246
Moulins	259	275	320	256	263	274
Limoges	179	190	220	186	198	214
Bourges	200	210	220	198	216	259
Total	2 323	2 441	2 662	2 301	2 470	2 513

DOC 2. **Les résultats annuels réalisés par assistant(e) commercial(e) Leclerc Voyages Clermont-Ferrand**

Assistant(e) commercial(e)	2017	2018
Henry	386	385
Maxence	426	425
Naomi	362	385
Christelle	338	325

Les objectifs sont répartis équitablement entre les 4 assistant(e)s commercial(e)s qui ont tous un contrat à temps complet à 35 heures.

Mon bloc-note

Mon bloc-note

Couverture : iStockphoto/AndreyPopov, monkeybusinessimages.

Pages : 7 : © Decathlon ; 21 : iStockphoto/AndreyPopov ; 25-26 : iStockphoto/Tree4Two ; 33 : iStockphoto/Rawpixel ; 38 : iStockphoto/Siphotography ; 42 : iStockphoto/Extreme-photographer ; 43 : iStockphoto/AdrianHancu ; 45-46 : © Intermarché ; 47 : iStockphoto/pixelfit, iStockphoto/monkeybusinessimages, iStockphoto/max-kegfire, iStockphoto/SnowWhiteimages, iStockphoto/PeopleImages, iStockphoto/ajr_images, iStockphoto/amazingmikael ; 60 : iStockphoto/Csondy ; 61 : © Intermarché ; 63 : iStockphoto/LuminaStock ; 64 : iStockphoto/g-stockstudio ; 65 : Réa/Xavier Popy ; 67 : iStockphoto/Giulio Fornasar, iStockphoto/Yuricazac, iStockphoto/Drazen_, iStockphoto/m-imagephotography, iStockphoto/stevecoleimages, iStockphoto/AJ_Watt, iStockphoto/gradyreese, iStockphoto/Barcin ; 68 : iStockphoto/jattumongkhon ; 70 : iStockphoto/Apoorva Patel ; 84 : iStockphoto/fortise ; 87-88-89 : © But ; 105 : iStockphoto/Olga Kashurina, iStockphoto/estherpoon, iStockphoto/Andrew_Rybalko ; 108 : iStockphoto/NicoElNino, iStockphoto/SolStock ; 110 : iStockphoto/nancykennedy, iStockphoto/Roman Tiraspolsky, iStockphoto/dvoevnore ; 113 : AFP/Eric Cabanis ; 115 : iStockphoto/LumineImages ; 117 : iStockphoto/digitalskillet ; 118 : iStockphoto/pixelfit ; 119 : iStockphoto/Ridofranz ; 132 : iStockphoto/PeopleImages ; 140 : iStockphoto/fizkes ; 143 : Photononstop/Alain Le Bot ; 146 : iStockphoto/cometary, iStockphoto/Portra ; 147 : iStockphoto/Juanmonino, iStockphoto/ajr_images ; 162 : iStockphoto/ImagesbyTrista ; 166 : iStockphoto/BraunS ; 167 : iStockphoto/skynesher ;169 : Réa/François Henry ; 169-170-174 : © Casa ; 184 : iStockphoto/PeopleImages ; 185 : iStockphoto/fizkes ; 186 : iStockphoto/Tree4Two.

Achevé d'imprimer en Italie par Grafica Veneta
Dépôt légal : Avril 2019 - Collection 02 - édition 01 - 49/9734/3